大学讲堂书系·人生大学知识讲堂

人生箴言

拾月 主编

主　编：拾　月
副主编：王洪锋　卢丽艳
编　委：张　帅　车坤　丁　辉
　　　　李　丹　贾宇墨

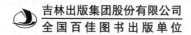

吉林出版集团股份有限公司
全国百佳图书出版单位

图书在版编目（CIP）数据

人生箴言 / 拾月主编. -- 长春：吉林出版集团股份有限公司，
2016.2（2022.4重印）
（人生大学讲堂书系）
ISBN 978-7-5581-0752-8

Ⅰ.①人… Ⅱ.①拾… Ⅲ.①人生哲学－青少年读物 Ⅳ.
①B821-49

中国版本图书馆CIP数据核字（2016）第041295号

RENSHENG ZHENYAN

人 生 箴 言

主　　编	拾　月
副 主 编	王洪锋　卢丽艳
责任编辑	杨亚仙
装帧设计	刘美丽

出　　版	吉林出版集团股份有限公司
发　　行	吉林出版集团社科图书有限公司
地　　址	吉林省长春市南关区福祉大路5788号　邮编：130118
印　　刷	鸿鹄（唐山）印务有限公司
电　　话	0431-81629712（总编办）　0431-81629729（营销中心）
抖 音 号	吉林出版集团社科图书有限公司　37009026326

开　　本	710 mm×1000 mm　1 / 16
印　　张	12
字　　数	200千字
版　　次	2016年3月第1版
印　　次	2022年4月第2次印刷

书　　号	ISBN 978-7-5581-0752-8
定　　价	36.00元

如有印装质量问题，请与市场营销中心联系调换。0431-81629729

"人生大学讲堂书系" 总前言

昙花一现，把耀眼的美只定格在了一瞬间，无数的努力、无数的付出只为这一个宁静的夜晚；蚕蛹在无数个黑夜中默默地等待，只为了有朝一日破茧成蝶，完成生命的飞跃。人生也一样，短暂却也耀眼。

每一个生命的诞生，都如摊开一张崭新的图画。岁月的年轮在四季的脚步中增长，生命在一呼一吸间得到升华。随着时间的推移，我们渐渐成长，对人生有了更深刻的认识：人的一生原来一直都在不停地学习。学习说话、学习走路、学习知识、学习为人处世……"活到老，学到老"远不是说说那么简单。

有梦就去追，永远不会觉得累。——假若你是一棵小草，即使没有花儿的艳丽，大树的强壮，但是你却可以为大地穿上美丽的外衣。假若你是一条无名的小溪，即使没有大海的浩瀚，大江的奔腾，但是你可以汇成浩浩荡荡的江河。人生也是如此，即使你是一个不出众的人，但只要你不断学习，坚持不懈，就一定会有流光溢彩之日。邓小平曾经说过："我没有上过大学，但我一向认为，从我出生那天起，就在上着人生这所大学。它没有毕业的一天，直到去见上帝。"

人生在世，需要目标、追求与奋斗；需要尝尽苦辣酸甜；需要在失败后汲取经验。俗话说，"不经历风雨，怎能见彩虹"，人生注定要九转曲折，没有谁的一生是一帆风顺的。生命中每一个挫折的降临，都是命运驱使你重新开始的机会，让你有朝一日苦尽甘来。每个人都曾遭受过打击与嘲讽，但人生都会有收获时节，你最终还是会奏响生命的乐章，唱出自己最美妙的歌！

正所谓，"失败是成功之母"。在漫长的成长路途中，我们都会经历无数次磨炼。但是，我们不能气馁，不能向失败认输。那样的话，就等于抛弃了自己。我们应该一往无前，怀着必胜的信念，迎接成功那一刻的辉煌……

感悟人生，我们应该懂得面对，这样人生才不会失去勇气……

感悟人生，我们应该知道乐观，这样生活才不会失去希望……

感悟人生，我们应该学会智慧，这样在社会上才不会迷失……

本套"人生大学讲堂书系"分别从"人生大学活法讲堂""人生大学名人讲堂""人生大学榜样讲堂" "人生大学知识讲堂"四个方面，以人生的真知灼见去诠释人生大学这个主题的寓意和内涵，让每个人都能够读完"人生的大学"，成为一名"人生大学"的优等生，使每个人都能够创造出生命中的辉煌，让人生之花耀眼绚丽地绽放！

作为新时代的青年人，终究要登上人生大学的顶峰，打造自己的一片蓝天，像雄鹰一样展翅翱翔！

"人生大学知识讲堂"丛书前言

易中天曾经说过："经典是人类文化的精华，先秦诸子，是中国文化遗产中经典中的经典，精华中的精华。这是影响中华民族几千年的文化经典。没有它，我们的文化会黯然失色；这又是我们中华民族思想的基石，没有它，我们的思想会索然无味。几千年来，先秦诸子以其恒久的生命力存活于人间，影响和激励了一代又一代人。"

人创造了文化，文化也在塑造着人。

社会发展和人的发展过程是相互结合、相互促进的。随着人全面的发展，社会物质文化财富就会被创造得越多，人民的生活就越能得到改善。反过来，物质文化条件越充分，就又越能推进人的全面发展。社会生产力和经济文化的发展是逐步提高、永无休止的历史过程，人的全面发展也是逐步提高、永无休止的过程。

青少年成长的过程本质上是培养完善人格、健全心智的过程。人的生命在教育中不断成长，人通过接受教育而成为人。夸美纽斯说："有人说，学校是人性的工场。这是明智的说法。因为毫无疑问，通过学校的作用，人真正地成为人。"不可否认，世界性的经典文化是千百年来流传下来的文化遗产与精神财富，塑造了人们的文化精神及思想品格，教育中社会性的人际生命与超越性的精神生命都是文化传统赋予的。经典的文化知识是塑造人生命的基本力量，利用传统文化经典对大学生进行生命教育不仅必要而且可能。

经典知识尤其是思想类经典，具有博大的生命意蕴，可以丰富人的精神生命。儒家经典主要有"四书五经"，讲求正心、诚意、格物、致知、修身、齐家、治国、平天下，从成己而成人，着重建构人的社会性生命。道家经典以《道德经》《庄子》为代表，以得道成仙、自然无为为旨归，侧重人的精神生命。佛教禅宗经典以《坛经》为代表，以明心见性、顿悟成佛为核要，直指人的灵性存在，侧重生命的超越性。

传统文化经典蕴含丰富的生命智慧，有利于提升人格，涵养心灵。中国传统文化蕴含丰富的人生智慧，例如道家的重生养生、少私寡欲；儒家的自强不息、厚德载物；佛家的智悲双运、自利利他等思想，对于引导青少年确立生命的价值与信念，保持良好心境，处理人际关系，提升青少年的修养，不无裨益。

为了更好地帮助青少年在人生成长过程中得到经典知识文化的滋养，使世界先进的文化知识在青少年群体中形成良好传播，我们特别编撰了"人生大学知识讲堂"系列丛书，此套丛书包含了"文化与人生""哲学与人生""智慧与人生""美学与人生""伦理与人生""国学与人生""心理与人生""科学与人生""人生箴言""人生金律"10个方面，丛书以独到的视角，将世界文化知识的精髓融入趣味故事中，以期为青少年的身心灌注时代成长的最强能量。人们需要知识，如同人类生存中需要新鲜的空气和清澈的甘泉。我们相信知识的力量与美丽。相信在读完此书后，你会有所收获。

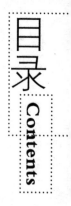

第3章　青春的箴言

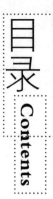

第4章　财富的箴言

第5章　情感的箴言

第 1 章

生命的箴言

任何一天都有好与坏。我们之所以常常会抱怨命运不好，是因为我们总是以悲观抱怨的态度看待自己的处境。人在面对困境的时候，不要抱怨命运，因为抱怨不但会让自己内心痛苦不堪，而且在怨天尤人的愤怒情绪中，只会把事情搞得越来越糟，再次错过解决问题的机会。抱怨除了使自己对待他人的态度很恶劣以外，还会令自己一事无成。其实上苍真的很公平，那些抱怨它的人只是因为没能发现他们身边的那些上天的赏赐而已。

第一节　理想是生命的动力和灵魂

人类所做的一切事情中都包含了努力和结果，努力程度的衡量标准就是结果，而不是机遇。心中怀有理想的人，终有一天能够将之变为现实。

理想是未来的基础

朋友，你一定会实现你心中的理想（不是懒散的愿望），不论你的理想是卑微还是崇高，因为你会永远地朝着你心中最渴望的目标努力。

有理想的人给这个世界带来了福音。理想支撑了我们的这个世界，所以尽管人们经历苦难和艰辛，但是美丽的理想却滋养、抚慰了他们的心。人类不会放弃理想，人类不会让自己的理想褪色、消逝。人类生存在理想之中，并坚信，所有的理想都将在某一天变成现实。

作曲家、雕塑家、画家、诗人、预言家、智者，他们是天堂的建筑师，是未来世界的创造者。这个世界因他们的存在而美丽，没有他们，人类会在艰苦劳动的压迫下走向消亡。

哥伦布梦想着另一个世界，他发现了新大陆；哥白尼梦想世界的多重性和一个更广阔的宇宙，他揭示了宇宙的奥秘，因此将人类的视野扩展到了广袤的宇宙；释迦牟尼梦想着一个纤尘不染、宁静平和的精神世界，他进入了其中。

珍藏你的理想，珍藏曾经拨动你心弦的音乐，珍藏你心中圣洁的美，珍藏你心中最纯洁的思想，因为所有最令人快乐的环境，所有天堂的美好都来自于其中。只要你对自己诚实，对自己的理想诚实，最终你的梦想会变成现实。

渴望就是得到，向往就是取得。难道只有最卑贱的愿望能够充分地实现，而最纯洁的向往只会枯萎吗？这不是世界的公理。

最伟大的成就在最初的时候曾经是一个梦。橡树沉睡在果壳里，小鸟在蛋壳里等待，在一个灵魂最美丽的梦想里，一个慢慢苏醒的天使开始行动。梦想，是现实的情侣。

你的环境也许并不舒适，但只要你怀有理想，并为实现它而奋斗，那么你的环境会很快改变。

有一个年轻人，饱受贫穷与劳作的压迫，长时间地被困在一个环境恶劣的车间里，没有机会上学，缺乏艺术的熏陶。但是他梦想着更好的事情：他想得到智慧，他想拥有优雅、高尚和美，他在心中建立了一种理想的生活模式，他梦想着更大的自由和更广阔的天空。心中的骚动促使他行动，他利用所有业余时间，无论多么短暂，他运用各种方法充分地发展自己潜在的力量与资质。很快他的生活发生了巨大的变化，小小的车间作坊已不能够容纳他，于是像扔掉一件旧袍子一样，现实中的困苦被远远地甩在了身后。许多年以后，我们看到这个年轻人成为一个完全成熟的人，他是自己思想的主人，他已实现了年轻时的理想。

你心中怀有的梦想，你一直珍藏于心的理想—这是你生活的基础，是你的未来。

众人瞩目的佼佼者，人人景仰的成功人士，总是人们讨论的焦点。那么，你有没有想过自己其实也可以成为其中的一员呢？只要你拥有了这样一个理想，那么你就已经离成功很近了。

为理想而努力

我们心灵的愿望，灵魂的渴念，不是虚无缥缈的梦境或幻想，而是未来可能成为"现实"的预言、预兆与讯息。它们是我们迈向成功的指引者，它们能测量出我们志趣的高下，能力的大小。我们的各种理想，决定我们品格与生命形态的力量。我们日常心目中的各种愿望，会在我们的举止、品格、生命之中表现出来。我们只有先有了理想，然后才会有实际的生命。一幢建筑，实际上不过是建筑师脑海中的一项计划的实现。同样，一个人的生命，他在事业上取得的成功，也不过是他的理想被付诸实际而已。如果人世间没有"南方"，那么到了冬季，候鸟也绝不会有向南飞的本能。人也一样，我们有各种心灵的愿望，盼望着能获得一个完满、广博的生命，希望得到一个充分表现自我的机会，期望一生中取得不朽的成就。只要你为之坚持不懈地去努力，一切就都可能发生，梦想就有可能实现。

我们的品格与效能，常常随我们思想、情绪、理想的改变而有所波动。所以只要你一知道某个人所怀的理想，你就能知道那个人的品格，那个人的全部生命是怎样的，因为理想足以支配一个人的全部生命，所以，你的一切思想、理想与志愿，都应该使它趋于"崇高""优美"。你的思想，应该随时都有一种向上的倾向。你应当立志使自己的思想与行为永远不与"卑下"发生关系，使你所做的一切事情，都能印上"优美"的标记。这种向上的心理，这种精神会使我们趋于树立高大的理想。高大的理想可以提高生命的力量，可以使我们的生命达到较高的水准。具有这种心理的人，常能抵制一切不和谐、不顺利，以及各种与"平安""效率""成功"作对的敌人，只要我们有不断达到某项目的要求，虽然起初似乎没有这种可能，但是最后我们是会成功的。假如我们常常幻想实现自己的理想，不管这种理想是健全的身体，高贵的品格，还是伟大的事业，只要我们对于这些东西渴求得十分炽烈，并为之而努力，那么这些东西最后必会驾临于我们的生命之中。

心灵的愿望，可以鼓励我们的创造能力，驱策我们去从事自己所期望的事情。它们是我们身体各部分机能的常备补药，它们能够增加我们的能力，帮助我们实现自己的梦想。"自然"是一位"真不二价"的店主，她肯拿出一切东西来赐予我们，只要我们肯付出代价。我们的愿望好像树根一样，它能延伸到无影无踪的"能力宇宙"的各个方面。而这些精神之根，能使我们摄取我们的愿望趋于实现的养料。

当然，只有梦想不等于就拥有了成功，还必须有两个必备条件。第一，必须是合理的愿望，第二，你必须下决心去努力实现梦想。

我们的每个合理的志愿或愿望，都是绝对可以实现的。所谓合理的愿望，并不是指那些荒诞的、超越情理的妄想，而是一些可以实现种种理想的愿望。我们期望能充分、圆满地表现自我，期望完成在我们最高灵感时所显示出的生命模式。我们的理想，就是我们对未来的"实际"构图或草案。愿望"能凝结成决心"才有用处。热烈的愿望加上坚强的决心，才能生出创造的力量，助我们达到目的。愿望与努力相加，两者才能生出效果。仅有愿望而没有决心，仅有理想而不去努力，那么这种理想与愿望，最后是会烟消云散。具备了合理的愿望，再加上你的努力，成功就一定会属于你了。

如果你期望在你的生命中的某些方面有所长进，你就应当很热烈、坚毅地向往着那些理想，把这些理想与愿望保存在心中，直至实现它们为止。这样慢慢会使一个懦弱、不完满、有罪恶过失的人，变为一个有理想的人。不断地将我们的精神集中于我们的愿望之上，我们从中会得到巨大的创造力量。它能生出一种神奇的力量来，去帮助我们获得那些所愿望的东西。

第二节　生命无法从谎言中
开出灿烂的花朵

做一个诚信的人

人的一生有七大追求目标，那就是：美丽、金钱、诚信、荣誉、权力、健康和地位。我们可以失去美丽而粗陋，可以失去金钱而清贫，可以失去荣誉、权力和地位而平凡，却千万不能失去诚信而欺诈。

古语有云："言必出，行必果。""君子一言，驷马难追。"这都是在时时刻刻提醒着我们做人要诚信。诚信二字重千斤。

诚信，自古以来就是中华民族的传统美德。古往今来，有多少人为我们树立起诚信的榜样。西汉时的季布，做人守信，答应他人的事总是尽自己的全力去做。故有人说："得黄金千斤，不如得季布一诺。"

然而，作为中华民族接班人的我们，是否曾发自内心地问过自己：我诚信吗？我们能够挺起胸膛，拍着胸脯说：我从没做过有违诚信的事吗？有些人，为了玩电脑，他们可以欺骗父母；为了考试成绩好，他们可以作弊，抄袭，不择手段。这样既欺骗了老师，欺骗了家长，欺骗了同学，同时也欺骗了自己。失去了诚信，失去了做人的准则，分数再高，又有什么用呢？一切都是徒然！所以让我们对自己的言行，做一次深刻的反省！

诚信，是一个人，一个社会，乃至一个国家最基本的要求。只有诚信，才能让世界更加美好，到时我们将发现：青草绿树，白云蓝天，花香鸟语，无垠大海，广阔的沙漠，坦荡的草原，美丽无处不在；花开花落，云卷云舒，月圆月缺，美丽尽存其中。但是失去了诚信，我们的社会将一片混乱，如果人与人之间失去了信任，那人与人之间要怎样合作？国家怎么能发展？社会怎么能变成和谐社会？失去了诚信，一切将如纸上谈兵。

朋友，为了国家，为了社会，更为了你自己，让我们携起手来，自觉做一个诚信之人，让诚信的光芒重新照耀民族精神的家园！

18世纪英国有一位有钱的绅士，一天深夜他走在回家的路上，被一个蓬头垢面、衣衫褴褛的小男孩儿拦住了。"先生，请您买一包火柴吧。"小男孩儿说道。"我不买。"绅士回答说。说着绅士躲开男孩儿继续走。"先生，请您买一包吧，我今天还什么东西也没有吃呢。"小男孩儿追上来说。绅士看到躲不开男孩儿，便说："可是我没有零钱呀。""先生，你先拿上火柴，我去给你换零钱。"说完男孩儿拿着绅士给的一个英镑快步跑走了。绅士等了很久，男孩儿仍然没有回来，绅士无奈地回家了。

晚上，绅士正在自己的办公室工作，仆人说来了一个男孩儿要求面见绅士。于是男孩儿被叫了进来，这个男孩儿比卖火柴的男孩儿矮了一些，穿得更破烂。"先生，对不起了，我的哥哥让我给您把零钱送来了。""你的哥哥呢？"绅士道。"我的哥哥在换完零钱回来找你的路上被马车撞成重伤了，在家躺着呢。"绅士深深地被小男孩儿的诚信所感动。"走！我们去看你的哥哥！"去了男孩儿的家一看，家里只有两个男孩的继母在照顾受到重伤的男孩儿。一见绅士，男孩连忙说："对不起，我没有给您按时把零钱送回去，失信了！"绅士却被男孩的诚信深深打动了。当他了解到两个男孩儿的亲生父母双亡时，毅然决定把他们生活所需要的一切都承担起来。

诚，就是要实事求是；信，就是要一言九鼎，说到做到，不朝秦暮楚，不朝令夕改。诚信是立业之本，做人的准则，是企业和人的第二张身份证，其中道理不言而喻。一个企业、一个部门甚至于一个人，如果谎话连篇，如果说话不算数，不守信义，谁还会相信他。诚信是人的一张脸，它写着你的品德和操行。

以诚立身，取信于人

"无诚则有失，无信则招祸"。那些践踏诚信的人也许能得益一时，但终将作茧自缚，自食其果；那些制假售假者，或专靠欺蒙诈骗者，则往往在得手一两次后，便会陷入绝境，导致人财两空，有些甚至锒铛入狱。

人在职场，七分做人，三分做事，人际关系是职场的根基。即使你是靠技术求生存的，没有和团队的精诚合作，孤军奋战，在现代职场想成功是很困难的。大家知道，微软所有的软件和系统都不是某个人的独立作品，都是团队的力量，尽管大家作用不尽相同。没有和谐的人际关系，任何本领都是空中楼阁，无法真正创造财富和价值。

从哲学的意义上说，"诚信"既是一种世界观，又是一种社会价值观和道德观，无论对于社会抑或个人，都具有重要的意义和作用。

"诚信"是立身之本，处世之宝。人生立于世间数十年，必须不断学习，以获得知识、增进知识，知识既是个人谋生的工具，也是个人为社会服务的工具。但是，要真正做个对社会有所贡献的人，光靠"知识"工具是不够的，还必须有正确的价值观去指导，否则，知识也可能成为滋生罪恶的工具。"诚信"精神就是培养人的高尚道德情操、指引人们正确处理各种关系的重要道德准则。个人以诚立身，就会做到公正无私、不偏不倚，讲究信用，就能守法、受约、取信于人，就能妥善处理好人与人、个人与社会的关系。做人需要诚信，诚信赢得尊严；经商同样需要诚信，诚信赢得市场。

人生箴言

第三节　生命的尊严是无价之宝

捍卫生命的尊严

2010 年 10 月 20 日深夜，西安音乐学院学生药家鑫驾驶一辆红色雪佛兰小轿车行驶至西北大学西围墙外时，撞上前方同向骑电动车的 26 岁女工张妙。药家鑫下车查看，发现张妙侧躺在地上，发出呻吟声，想记下车牌号。

但令人发指的是，车主药家鑫不仅没有拨打电话施救，反而用随身携带的水果刀朝她猛刺 8 刀。事后药家鑫说："当时天太黑，我不清楚她伤的程度，心里特别害怕、恐慌，害怕她以后无休止地来找我看病、索赔。"张妙当场死亡，后经法医鉴定：她系胸部锐器刺创致主动脉、上腔静脉破裂大出血而亡。药家鑫随即驾车逃离，而当他行至另一路口时，又将两个行人撞伤，并被附近群众抓获。

经过了警方三天的两次询问后，10 月 23 日，药家鑫终于向父母说出实情，并在父母陪同下向警方投案。庭审画面上，药家鑫抽泣着，时而泪流满面，时而下跪求谅："我对不起张妙，对不起她的家人，也对不起我的父母。"但法律是公平的，既维护每个人的合法权益，也打击犯罪者。

张妙的丈夫王辉提出："不看到药家鑫死，誓不罢休。"不仅要给死者讨回公道，也要维护法律的尊严和权威。最后，法院一审判处药家鑫死刑，还被害者一个公道。

4月25日下午，该案原告民事诉讼代理人张显在自己博客上贴出《对药家鑫案判决的立场和意见》一文，表示放弃追要法庭判决的赔偿，并对民事部分不合理地方放弃上诉。

生命无价，任何人的生命都值得尊重，哪怕是普通老百姓，也容不得任何人亵渎和践踏；人的生命都只有一次，都需要我们尊重；人的尊严是自己维护的，而不是用钱能够维护的。

捍卫生命的尊严

林清玄在《老鼠也有妈妈》一文中提到，几个孩子抓住了老鼠，并用汽油浇在老鼠身上，点火，看到老鼠满地乱跑的场景而欢呼雀跃。林清玄问孩子们为什么这样做？孩子们告诉他老鼠是害虫。林清玄则告诉孩子们老鼠也有妈妈，老鼠也知道疼，老鼠也有生命，从而教育引导孩子们尊重生命、从小培养善的观念。

老鼠尚且值得我们同情，但药家鑫却残忍地杀害被撞者，到底有多大的仇恨让他连捅八刀？面对他人从生至死，难道没有半点"不忍"？结果仅仅是为了不想承担医药费。张妙的丈夫痛斥药家鑫的心理素质"连三岁小孩也不如"。尊重生命，珍惜自己。药家鑫藐视生命、亵渎法律，其结果必然遭到法律制裁。

第四节　平淡才是生命的真谛

人生最大的障碍是欲望，最大的敌人是自己的心。幸福和平淡，平淡与从容，从来都在形影相随。

平淡是福

　　每一个新的开始，都始于平淡，归于平淡。因为，平平淡淡才是真，这就是我们的生活。平平淡淡是一种归宿。平平淡淡并不拒绝轰轰烈烈，可是轰轰烈烈并不能代表、代替平平淡淡。无论怎样的轰轰烈烈，无论怎样的丰功伟业，最终必将归于平淡，平平淡淡是一种境界。

　　无论我们干什么，还是平淡一些的好，对人，对事，都用一颗平常之心，就会轻松得多；平平淡淡是一种精神。我们用平平淡淡的心享受生活，快乐地度过人生。

　　世间万物都是平平淡淡的。小草是平平淡淡的，它用自己轻柔弱小的生命，铺就了绿色天涯；水流是平平淡淡的，它坚持不懈，能把顽石击得百孔千疮；母爱是平平淡淡的，却能使铮铮铁汉潸然泪下……

　　用一颗平平淡淡的心去看这个世界，你就会发现美无处不在，看似平淡的生活是如此绚丽多彩！平平淡淡是一种胸怀。当你拥有了一颗平平淡淡之心，你就拥有了宁静、淡泊，从容和美好。

　　平平淡淡就是有所求而亦无所求，平淡鄙视庸俗的功利目的，而追求精神的升华、灵魂的洗礼。在竞争日益激烈，诱惑日趋纷繁的社会里，固守节操、甘于平淡并非易事，只有树立远大的理想和人生追求、乐于奉献的人，才能做到甘于平淡，淡泊明志，宁静致远。

　　人生一世，即便能够轰轰烈烈，也不会持久，平淡是最后的绝唱。平平淡淡才是真，人生的意义，也深深蕴含于平凡生活中。平平淡淡才是真，明天太阳照样会照遍世界的每一个角落，我们同样会开始看似平淡却是多姿多彩的生活。

　　　日常下班之余，往往会泡上一杯茶，或盛上一杯白开水，在夜幕下的寂静空间里，梳理下自己的思绪，记录下自己日常生活中的点点滴滴。可近两年少了很多，基本上都没记录过什么了，是工作太忙之故，每天早上八点到晚上八点，一天的时间除了这十二个小时，能留给自己的空闲时间是少之又少。忙碌了一天，下班回来，除了疲倦想休息之外，已难静下心来做别的事情，想写点东西，思绪却是乱的。

周末的日子，天气很好，难得的一个休息天，一个星期的最爱，小平一大早就起床，吃过早餐，出去随便走了一个上午，热闹的地方，寂静的地方，一个人漫无目的地走。每天的忙碌，工作上的事情，生活中的琐碎事，总会无形中给小平增加不少的压力，这就需要给自己放松心情了，放松心情的方法很多，每个人都不尽相同，有人喜欢热闹，有人喜欢安静。但对小平来说，休息之余还是喜欢出外走走，可以呼吸新鲜空气，可以在悦人的晨风中，感受和煦阳光的灿烂；感受熙熙人群中的热闹气息；感受寂静公园里的宁静如水，鸟语啼鸣。

晚上的时候，窗外，夜幕下的星空上点缀着稀稀疏疏的几颗星星，或明亮，或暗淡。不远处的广深高速，车流不息，车辆来回疾驰的声音不绝于耳。小平独坐窗旁，眼前，一台电脑，一杯凉了的开水，在电脑播放的音乐声中，回想着生活中的点点滴滴，记录着刹那的心情。

生活有时就像一杯白开水，平平淡淡、无色无味，却蕴含着人生五味。生活很复杂，其实也很简单，生活就是柴米油盐，生活就是平平淡淡过好每一天。对于我们这些平凡的人来说，只有平淡的生活才是最真实的生活。人生五味，生活的滋味，就看你怎样去品味了。

平淡是真

平平淡淡才是真，尽管你有豪情壮志，尽管你不甘落后，尽管你也有不懈的追求，美好的向往。但生活中唯一不变的，还是平平淡淡。热爱生活、创造事业、奉献社会，让我们在平平淡淡的生活中领略人生的无尽乐趣吧。

生活本来就是平淡的。一杯茶也罢，一杯酒也好，这是品出来的味儿。有多少轰轰烈烈，有多少百转柔情，有多少生离死别，有多少酸甜苦辣，还有多少的动人心魄，这些发生在生活里的故事，打动着、感染着我们。

其实，人生是走不出四季的，冬天就是人生的一个驿站。没有冬天就没有春天。既然北国的寒风已经敲响了我们的窗子，那就让我们打开门走出去，去欣然应约。从冬天出发，与冷峻结缘，隐忍心的寂寞，去迎接明媚的春光。

平淡是真。平淡是人生之真味，回归平淡，方觉人生之真境。

平淡是白开水，品尝之时无味，平淡之中却见真情真意，平淡是另一种幸福所归。

第五节　别让命运成为失败的借口

我们之所以常常会抱怨命运不好，是因为我们对自己的处境总是抱着一种悲观、抱怨的看法，而不是一种乐观、快活的看法。人在面对困境的时候，不要抱怨命运，因为抱怨不但会让自己内心痛苦不堪，而且在怨天尤人的愤怒情绪中，只会把事情搞得越来越糟，再次错过解决问题的机会，抱怨除了使自己对待他人的态度变得恶劣以外，还会令自己一事无成。其实上苍真的很公平，那些抱怨的人只是因为没能发现命运放在他们身边的那些赏赐。

有时候，命运在向你关闭一扇门的同时，又为你开启一扇窗。世上的任何事都是多面的，我们看到的只是其中的一个侧面，这个侧面让人痛苦，但痛苦却往往可以转化，任何不幸、失败与损失，都有可能成为我们有利的因素。面对不幸，面对困境，我们所要做的不是怨天尤人，自暴自弃，而应该是不断捕捉生存智慧，承受苦难，直面打击，在挫折中让自己不断成长。

命中注定这回事

有这样一个男孩，他出生在一个传统保守的家庭，父母相信一切全是命中注定，男孩也对此深信不疑，认为命运自然会安排一切。

在他家居住的那条街上，有一个非常有名的相师，他算命据说非常灵验。

这一天，男孩也来找这位相师算命。看了一阵子之后，相师冷静地说道："你相貌宽厚，深具福缘。"紧接着，男孩又给了相师生辰八字。经过一番推算之后，相师喜形于色说道："你实在是命格奇佳，35岁之前，就能赚到不少财富。"

当时，这个男孩只有19岁，听了相师之言，内心暗喜，从此开始努力打拼，累积一点财富之后，就做起了更大的买卖，财源滚滚而来。每当夜深人静，男孩就会想起相师的话，第二天的他就会精神百倍。就这样，还不到35岁，他已是同辈朋友中最有钱的生意人了。

34岁那一年，男人的母亲过世，咽气之前，母亲告诉他说："你其实是深夜两点钟左右出生的，我当时痛得忘了正确时刻，产婆又忙进忙出，结果就记成是隔天早上了。"

经此一说，男人立即拿着新的生辰八字去找那位相师批。此时，原先那位相师已经过世，换了另一位。"根据你的八字，你命格清苦，一生劳碌，要好好积些善缘才是。"这相师简单说了这几句之后就不再多说了。

回家后，男人沮丧不已！"是不是今后的自己会碰上霉运呢？"男人总是这样问自己。

从那天之后，他没心情再做生意，业务都交给下面的人打理。

于是，生意也越来越差，五年之后，男人只剩了一栋仅能栖身的房屋。

"一切都是命中注定呀！"那个男人总是这样叹息。

大多数人所谓的"命中注定"，其真相类似于故事里的男孩，就是说，命运并非天定，而是把握在我们的手中。所谓"天定"只不过是一种虚假的幻象，信命的人被其迷惑，成功者则看破幻象、自主生存。

把自己打磨成金子

一个自以为很有才华的人，一直得不到重用，为此，他愁肠百结，异常苦闷。有一天，他去质问上帝：命运为什么对我如此不公？上帝听了沉默不语，只是捡起了一颗不起眼的小石子，并把它扔到乱石堆中。上帝说："你去找回我刚才扔掉的那个石子。"结果，这个人翻遍了乱石堆，却无功而返。这时候，上帝又取下了自己手上的那枚戒指，然后以同样的方式扔到了乱石堆中。结果，这一次，他很快便找到了那枚戒指—那枚金光闪闪的金戒指。上帝虽然没有再说什么，但是他却一下子醒悟了：当自己还只不过是一颗石子，而不是一块金光闪闪的金子时，就永远不要抱怨命运对自己的不公平。

如果我们在平凡的生活中坚持磨砺自己的意志和品格，最终把自己打磨成一块闪闪发光的金子，那么，任何人都掩不住你灿烂夺目的光辉。能够忍受不公平的待遇，并且以平常的心态对待，这是人生的一个境界，也是我们努力追求的方向。坦然面对生活，用微笑来迎接一切困难。

到棉花田去做事

多年前，当时任美国财政部长的阿济·泰勒·摩尔顿到南卡罗莱纳州一个学院对全体学生发表演说。她走到麦克风前，先是将眼光对着听众，由左向右扫视了一遍全场，然后开口说道："我的生母是聋子，因此她没有办法说话，我不知道自己的父亲是谁，也不知道他是否还在人间。我这辈子找到的第一份工作，是到棉花田去做事。"台下的听众全都呆住了，她继续说道："一个人的未来怎么样不是因为运气，不是因为环境，也不是因为生下来的状况，如果情况不尽如人意，我们总可以想办法加以改变。一个人若想改变眼前充满不幸或不如意的情况，只要回答这个简单的问题：我希望情况变成什么样？然后全身心投入，采取行动，朝理想目标前进即可。"接着她的脸上绽放出美丽的笑容。

假如当初阿济·泰勒·摩尔顿一味慨叹命运的"不公平"，一味抱怨"生不逢时"，那就肯定无法摆脱"到棉花田去做事"的境遇，更不用说成为美国的财政部长了。倘若你在茫茫大千世界里，在漫漫人生旅途中，能够正视不公平现象，做一个顺应世事的平凡之人，努力上进，做你自己应该做的事，那么很快你就会脱颖而出，并且找到快乐。

古往今来，许多成功的人都是乐观、豁达、心地坦然的。他们蔑视权贵、淡泊名利，善于享受真正的生活，善于发掘蕴藏在生活中的无穷快乐。他们之所以总是充满着幸福和快乐，也许正是由于他们从不抱怨命运，而是想方设法让他们那富有的心灵总是充满创造的活力。

第六节　生命只要好，不要长

生命的宽度比长度重要

生命的长度就是自从我们降临在这个世界之后，能在时间上走多远。在 20 世纪的上半叶之前，由于战争和自然灾害，一个人能健康地走完六十年，也就很不容易了。如果能走完七十年，那更是"人生七十古来稀"了。但是从 20 世纪下半叶开始，由于现代科学技术，尤其是医学技术的发展，人们可以相对比较轻松地、比较健康地走过七十、八十年，甚至九十年、一百年。这就是一个人生命的长度。

在现实生活中，能支撑人们走完生命路程长度的不仅仅是科学技术，还有人们的信念和情感。为什么历尽沧海变化、山崩地裂、物转星移，人类这个物种不仅没有灭亡，而且越活越强大？那是因为那些历尽磨难的人有生活的信仰、有追求的理想。这种信仰和理想的支撑，不在于高低贵贱，只在于有或没有。如果没有信仰和理想的追求，在生命的旅途中我们就会感到很累，就会感到漫漫无尽的生活充满磨难，我们就会恐惧生命的结束，我们就会害怕自己的死亡。

比起生命的长度，生命的宽度更为重要。生命的宽度就是一个人在漫漫的生命旅途中所能达到的范围。如果一个人的生命仅仅有长度，几乎没有宽度，他也就只是苟且地活着。

生命的意义既不在于运动，也不在于静止，生命的意义在于它所能达到的宽度。

一个人生命的宽度，首先表现在他一生所学习的科学知识、所涉猎的生活范畴。自古以来，能被称之为"伟人"的人，他们的生命长度并不比一般人长多少，但他们都是在科学知识领域里纵贯多种学科、在人类生活中通晓古今上下的人。一个人生命的宽广度还可以表现在他一生在这个世界上所走过的地方，他在这个世界的山谷岛屿和江河湖海所留下的足印、所带去或带来的思想和文化。世界上知名的有游遍神州的徐霞客、七次下西洋的郑和、发现美洲大陆的哥伦布、环球航行的麦哲伦……一生要读万卷书、行万里路，方不负美好生命。

努力拓展生命的宽度

　　安娜在 1997 时被确诊为运动神经元病，2000 年回到北京，在宣武医院、协和医院、北京大学第三医院都看过，更看过超过 100 位的中医大夫（病友强烈的求生欲望促使他们几乎尝试了各种可能）。现在她没有采用什么治疗，病情相对稳定，更重要的是，她已经奇迹般地活过了 15 年！

　　她对丈夫和医生讲了很多感悟，"生命的意义在于宽度，而不在于长度"这句话是她讲的，她说她相信奇迹，她也非常想和很多病友家属聊聊，在这长达 15 年的患病历程中，她觉得很重要的一点是让病人心理稳定，从而使病情稳定，很多求医的尝试对疾病几乎没有太多帮助，但稳定了病人和家属的心理状态，抱着相信奇迹的想法，他们迎来了奇迹的发生！

　　安娜正是由于在 15 年的患病过程中，不放弃自己，努力扩展生命的宽度，奇迹般地活了下来，进而延长了生命的长度。

　　其实，还有无数的无名生命走出了人类生命的宽广度。从人种学来说，汉族人属于蒙古人种。蒙古人种起源于中亚和东亚，在向东迁移的过程中形成了以北京周口店山顶洞人为特征的黄种人。向北方迁移扩展的蒙古人种后来成为西伯利亚的通古斯人、楚克奇人和因纽特人。在跨过西伯利亚和美洲阿拉斯加之间曾经存在的"陆桥"、来到美洲定居下来的蒙古人种成为美洲大陆最早的居民—印第安人。而根据目前的研究，最早的蒙古人种又来自遥远的非洲大陆。人类就是在这种迁徙和游走中扩展了生命的宽广度。

人的生命长度总是有限的，所以人要不断扩展自己的生命宽度，所有生命的长度和宽度的综合就形成了人的生命意义。

第七节　放下生命中的包袱

知道自己能够做些什么，这说明你在不断地成长；知道自己不能够做些什么，这说明你在不断地成熟。纵然大千世界有太多的形形色色的诱惑，只要从容镇定，就不会迷失自己。

自古以来就没有免费的午餐，眼前的诱惑虽然美丽，但也许它的后面就有一口陷阱在等着你往下跳，或是一场谋划好的阴谋正在等着你。

贪心的猴子

在东南亚一带，有一种捕捉猴子的方法，当地人在木箱子上开一个小洞，这个洞的大小正好让猴子的手伸进去，然后把一些鲜美的水果放在箱子里面。如果猴子到来的时候，它们便会去拿木箱子里的水果，当它拿到水果的时候，手便不能从箱子里抽出来，除非它把手中的水果丢下。但大多数的猴子都抵挡不住诱惑，舍不得放弃手中鲜美的水果。因此，当猎人来到的时候，不需要费什么力气，就可以很轻易地捉住猴子。

在物欲横流的现代社会，人也常常像猴子一样抵挡不住诱惑。因为摆在每个人面前的诱惑实在太多：金钱、权力、地位……面对这些诱惑，如果我们不懂得放弃，而是一味地贪婪追逐，就会给自己带来无谓的烦恼和无尽的压力，甚至可能毁掉自己。

佛家说："人生最大的困惑是割舍。"的确，放弃锦衣玉食、高官厚禄这样的诱惑需要很强的毅力与自制力。但现实生活中，很多人勇于放弃触手可及的诱惑，敢于追求自己真正想要的成功和幸福。哪怕可能追不到，也可能会为此留下一身伤，但他们不怕。因为他们知道，如果不放弃眼前的诱惑，肯定会失去未来的幸福！只有拥有坚定的毅力，只有抵挡住近在眼前的诱惑，才能真正享受到成功的喜悦。

对于行路人而言，背负的东西越少，脚步越轻盈；对于思索者而言，放下包袱，才能天马行空；对于创业者而言，尽早走出失败的阴影，走出一切纷纷扰扰，轻装上阵，才能有未来。

工作或生活上的失误，往往会给人造成心理负担。旁人的吹毛求疵、说三道四，加上身边缺少可以倾诉的对象，更容易使人无力自拔，形成无形的压力。在这种环境里，人们的情感、行为相互作用，思路往往朝着一个方向，容易造成情绪波动或行为偏激。

生活中，人们总是习惯于做加法。从小到大，学业增加，事业增加，财富增加，名望增加……使得我们的思想包袱也不断加重。特别是在这个信息发达、物质丰富的年代里，我们的思想包袱已被装得太多太重了，压得我们疲惫不堪，弄得我们痛苦万分，累得我们体弱多病，使得我们远离幸福，甚至有的人因思想包袱过重而患上了精神疾病或走上了轻生的道路。因此，在人生中，我们不要只做加法，也要懂得做减法，并且应该善于利用减法。

沉重的思想包袱会使人身心受损，一个受思想煎熬的人，可能一夜白了少年头。当我们的思想背上了沉重的包袱，就会患得患失，难以成功。比如，运动员参加体育比赛时，如果不能放下思想包袱就难以发挥自身的最高水平；学生参加考试，如果不放下思想包袱就容易在考场上紧张，以至于发挥失常。

一个思想包袱沉重的人，常常寝食难安，无心享受美味佳肴，无暇欣赏美丽景色，无法感受人间温情。我们只有放下思想包袱，才能感到人间的美好，才能获得人生的幸福。

我们要学会放弃，放弃那些本不该属于我们的东西，放弃那些想得而得不到的东西，放弃那些让我们苦恼的东西。经常问问自己，为什么会苦恼，是不是贪婪？是不是欲壑难填？扔了吧，把该扔的都扔掉吧。放弃一些不属于我们的杂念、物欲，你会得到无穷的快乐。

放下思想包袱，就不要过于计较别人的议论。每个人都会说错话、做错事，这没什么大不了的，没有完美的人和事，即使有人议论也是正常的。俗话说"哪个人后无人说"，没必要太看重别人的态度。"走自己的路，让别人去说吧！"这会使自己变得更洒脱。

有哲人说过：是你的别人抢不走，不是你的争也没有用。我们要学会放弃"多多益善"的想法，学会知足常乐，用平常心对待发生的一切，注重自己的现在，而非自己想得到的。

勇于放弃是一种跨越。当你放弃一切做到简单从容的时候，生命的低谷就会过去，未来的生活才更充实。但愿每个人都拥有充实快乐的人生。有时候人们需要自己和自己的思想进行交流，调整内心复杂的情绪，进而探求生命延续的平衡与心态的平和。

生命不能负重前行

人的一生就是不断放弃的过程，只有不断放弃，才能够轻装前进。倘若背上不合时宜的思想包袱，不但不能够前进，反而会被诸多沉重的包袱拖垮。

生命是一艘船，需要不断地精简装备，该放手时就放手，才能轻松前进，航行得更远。

一个青年背着个大包裹千里迢迢跑来找无际大师，他说："大师，我是那样的孤独、痛苦和寂寞，长期的跋涉使我疲倦到极点：我的鞋子破了，荆棘割破双脚；手也受伤了，流血不止；嗓子因为长久的呼喊而喑哑……为什么我还不能找到心中的阳光？"

大师问："你的大包裹里装的什么？"青年说："它对我可重要了。里面装的是我每一次跌倒时的痛苦，每一次受伤后的哭泣，每一次孤寂时的烦恼……靠着它，我才能走到您这儿来。"

于是，无际大师带青年来到河边，他们坐船过了河。上岸后，大师说："你扛了船赶路吧！""什么，扛了船赶路？"青年很惊讶，"它那么沉，我扛得动吗？""是的，孩子，你扛不动它。"大师微微一笑，说："过河时，船是有用的。但过了河，我们就要放下船赶路，否则，它会变成我们的包袱。痛苦、孤独、寂寞、灾难、眼泪，这些对人生都是有用的，它能使生命得到升华，但须臾不忘，就成了人生的包袱。放下它吧！孩子，生命不自由是因为负重太多。"

青年放下包袱，继续赶路，他发觉自己的步子轻松而愉悦，比以前快得多。原来，生命是可以不必如此沉重的。

经历是一笔财富，但它有时也会成为生命不能承受之重。所以要懂得放手，丢掉那些失败、哭泣、烦恼，轻轻松松上路，才能越走越快，越走越欢愉。

第 2 章

心灵的箴言

心灯是希望，是黑暗中的启明星，是夜路拐角的路灯。当你孤独无助时，朋友的关爱是心灯，让人感受到心灵的温暖。当你漂泊在外，父母的问候就是心灯，它让你感受到亲人的可贵。当你疲惫不堪走进家门时，孩子的叫声是心灯，它让你感受到骨肉的真情。

第一节　用心倾听自己的诉求

　　生命是自己的，不必用别人的标准来衡量自己的人生。试图让所有人都喜欢自己，是徒劳的，也是对自己的不负责任。世上有许多的不幸，都是在急于向别人证明自己的过程中发生。"证明自己"本身并没有错，错的是很多人不过是在挣扎着"证明自己给别人看"。生命是自己的，不必用别人的标准来框定自己的人生。如果想讨好所有人，达到所有人的标准，最终只会迷失自己。不要迷失在别人的评价里，用心倾听自己内心的声音，做自己就好。

不要盲目和别人比较

　　爱因斯坦小时候十分贪玩。他的母亲常常为此忧心忡忡，再三告诫他应该怎样怎样，然而对他来讲如同耳边风。这样，一直到 16 岁的那年秋天，一天上午，父亲将正要去河边钓鱼的爱因斯坦拦住，并给他讲了一个故事，正是这个故事改变了爱因斯坦的一生。故事是这样的：

　　"昨天，"爱因斯坦父亲说，"我和咱们的邻居杰克大叔清扫南边工厂的一个大烟囱。那烟囱只有踩着里边的钢筋踏梯才能上去。你杰克大叔在前面，我在后面。我们抓着扶手，一阶一阶地终于爬上去了。下来时，你杰克大叔依旧走在前面，我还是跟在他的后面。后来，钻出烟囱，我发现一个奇怪的事情：你杰克大叔的后背、脸上全都被烟囱里的烟灰蹭黑了，而我身上竟连一点烟灰也没有。"爱因斯坦的父亲继续微笑着说，"我看见你杰克大叔的模样，心想我肯定和他一样，脸脏得像个小丑，于是我就到附近的小河里去洗了又洗。而你杰克大叔呢，他看见我钻出烟囱时干干净净的，就以为他也和我一样干净呢，于是就只草草洗了洗手就大模大样上街了。结果，街上的人都笑痛了肚子，还以为你杰克大叔是个疯子呢。"

爱因斯坦听罢，忍不住和父亲一起大笑起来。父亲笑完了，郑重地对他说，"其实，别人谁也不能做你的镜子，只有自己才是自己的镜子。拿别人做镜子，白痴或许会把自己照成天才的。"

爱因斯坦听了，顿时满脸愧色。爱因斯坦从此离开了那群顽皮的孩子们。他时时用自己做镜子来审视和映照自己，终于映照出生命中的熠熠光辉。

盲目地与别人相比较，以为自己比身边的人聪明就满足了，或者觉得自己不如别人就沮丧了。这多么愚蠢啊！每一个人都有与其他人不同的人生目标和生活方式，自己才是自己在这个世界上最可靠的人生向导。

在忙碌的学习生活之中，我们很少会停下来思考，很少去倾听自己内心的声音，去发现自己，开发自己内心的力量。是否，我们该静下心来，走进自己的心灵？是否，我们更需要运用心灵的力量，塑造全新的自我？

我们知道，每个人对自己的认识和体验是不同的，这在一定程度上决定着你正成为或将成为什么样的人。重塑自我，需要从认识自我、激励自我开始，这样才能够超越自我，获得进一步发展的力量。

首先要进行自我描述。请你写出自己的长处和不足，想一想它们是如何形成的，主要受谁的影响，并认真分析这些长处或不足对自己今后发展的好处或造成什么样的障碍和限制。特别要注意的是，对于自身的不足，自己在其中究竟起了什么作用？如果换成一个相反的"自我"，结果又会是怎样？比如你有睡懒觉的习惯，困乏、疲惫都是借口，而缺乏心灵的力量，那才是真正的原因。

其次，开始自我体验。每天花上几分钟，仔细回忆自己成功、快乐的往事，回忆让你感到振奋心灵的事情，要让自己感觉到它给你带来的信心。回忆的时候，你需要调动多种感官，要尽可能生动、详细，如同回到了当时的情境，回味、体验当时的感受。

自我实现。心理学家罗杰斯认为个体所拥有的最重要的资源就是自我实现倾向，即个人有一种生长和提高自己的内在需要。明确告诉自己，我羡慕什么，我需要追求什么，我该如何追求，坚定地告诉自己"我需要，我能够！"你无须总是羡慕别人的成功，而忽略了自己，忽略了自己的心灵，忽略了真正属于自己的东西。

最后，让我们学会感激。感激会让你的心灵变得充实而有力。或许，有时我们面对学习、生活会感到疲倦，感到无力，觉得孤立无助，这是因为我们忽略了周围的力量，要知道，我们不是也不可能孤立发展。

好了，请你静下心来，为自己所得到的，拥有的一切进行感想。冥想之中，你会发现，有很多人，很多事值得我们去感激。我们需要感激父母的辛劳和无私的付出，感激同学的友爱和帮助，感激老师的教诲和鼓励……学会感激，我们才有了更多的情感储备，而这种情感储备正蕴含着巨大的能量，它使我们在虚弱的时候感受到温暖、安全和充实。

心中有了感激，便少了烦躁与无助，多了崇高与宁静，多了前进的力量，多了面对坎坷和挑战的勇气。心中有了感激，就会拥有永远的快乐，就会更懂得珍惜，我们的心灵也就会变得更加充实有力。

用自我暗示来激励自己

心理学家哈德非做过一个实验：在下面三种情况下尽全力抓紧握力计。第一次实验是在一般的清醒状态下，他们的平均握力45.8公斤；第二次实验是将他们催眠，并告诉他们，他们非常虚弱。实验的结果，他们握力只有13.2公斤，还不足正常握力的1/3；第三次实验是在催眠之后，告诉他们，他们非常强壮，结果他们的握力平均达64.4公斤。你看，只要他们非常肯定地认识自己的力量之后，握力几乎增长了50%，他们对自己的认识不同而产生了不同的结果。

倾听自己内心的诉求，将其转化为实际的行动，最好的方法就是进行自我暗示和催眠。当自己"力不从心"时，告诉自己：我不仅仅如此，我还有巨大的潜力没有发挥，只要我愿意，我就能爆发出巨大的能量。当有一天，你觉得现实那么艰难，不妨闭上眼睛，放松身心，开始自我催眠想象。让一个勇敢、坚强、自信、睿智的"自我"来解决你面临的困境！当你睁开眼睛的时候，你会发现，你又充满了生机和力量。

第二节　目标是心灵的指引

很多人之所以没有紧迫感，正是因为还没有确立明确的奋斗目标。一艘轮船在大海中失去了方向，就会在海上不停地打转，直到把燃料耗尽，它也不可能到达岸边。事实上，它所用掉的燃料，已足以使它往来于大海两岸好几次。同样，一个人如果没有目标以及达到这些目标的计划，不管他如何努力工作，都像是一艘失去方向舵的轮船，始终在做无谓的旋转。这样，他又怎么可能取得成功？如果一个人并未在心中确定他所希望的目标，他又怎能知道他已经获得了成功？很多人之所以没有紧迫感，正是因为还没有确立明确的奋斗目标。一旦他有了这个奋斗目标之后，他就不会再松懈再懒惰，因为要实现他自己订下的目标，他就必须得去克服这些缺点。

让目标领航人生

40多年前，一个叫约翰·戈达德的美国人，一腔热血地写下了他一生要实现的127个目标：他要去尼罗河、亚马孙河、刚果河、科罗拉多河、长江等河流探险；他要去阿空加瓜峰（阿根廷）、麦金利山、瓦斯卡兰山（秘鲁）、乞力马扎罗火山、亚拉拉特峰（土耳其）等地学习原始文化；他要去南极和北极、中国长城、巴拿马运河和苏伊士运河、复活节岛（智利）、加拉巴哥群岛（厄瓜多尔）、梵蒂冈（约翰在那里见到了天主教教主）造访；他要去维多利亚湖、苏必略湖、坦葛尼喀湖、的的喀喀湖（南美）、尼加拉瓜湖游泳；他要乘坐潜水艇潜入海底、自己开飞机在航空母舰上起飞降落、驾驶滑翔机、热气球和小型飞艇、骑大象、骆驼、鸵鸟和野马；他要学作曲并用钢琴演奏；他要读莎士比亚、柏拉图、亚里士多德、狄更斯、梭罗、爱伦坡、卢梭、培根、海明威、马克·吐温、巴勒斯、康拉德……

他写下了 127 个目标，这一年，他只有 15 岁。

40 多年后，他实现了 127 个目标中的 109 个，他获得了一个探险家所能获得的所有荣誉，其中包括纽约探险家俱乐部的成员和英国皇家地理协会会员。

我们也许会问，难道他是超人吗？是的，有些事情对我们来说是不可思议的，甚至连想都不敢去想，可是约翰他做到了。约翰被目标所牵引，去了一个又一个地方，好几次甚至差点命丧黄泉：在森林里差点被凶猛的野兽给吃了，在沙漠里差点被沙暴给活埋了，在野地差点被毒蛇给咬死。可是尽管如此，他依然走遍了天涯海角。

应该承认，约翰在制定这项目标后，他所采取的一系列行动，肯定是周密严谨的。这些不是轻易就能达到的目标。即使他有的是时间，他也不一定能在有生之年完成哪怕一半，约翰懂得了这一点后，就更加不敢浪费丝毫的时间。每一个目标的实现，都需要他付出相当多的汗水和心血，他只有通过不懈的努力才能最终完成一个又一个的目标。约翰的一生是充实的一生。他很忙碌但却从来不缺少快乐，他的经历丰富多彩，他的追求因为自己付出的努力而最终一一实现，从目标的制定到最后的实现，这是一个相当快乐的过程。

目标是命运的分岔路口

1970 年，有一所大学对当年毕业的学生进行了一次关于目标的调查，调查的结果是：27% 的人没有目标；60% 的人目标模糊；10% 的人，有清晰但比较短期的目标；3% 的人，有清晰而长远的目标。当 25 年的时光转瞬即逝的时候，也就是 1995 年，这所大学再次对这批学生进行了跟踪调查，他们发现：3% 的人，25 年间他们朝着一个既定的方向不懈努力，现在几乎都成为社会各界的成功人士，他们当中不乏行业中的领袖、社会中的精英；10% 的人，他们的短期目标不断地实现，成为各个行业、各个领域中的专业人士，大都生活在社会的中上层；60% 的人，他们安稳地生活与工作，但都没有取得什么特别突出的成绩；剩下 27% 的人，他们的生活没有目标，过得并不怎么如意，他们不知道该为什么去奋斗。

抛开其他影响一个人的因素，我们可以发现，他们之间命运悬殊的差别仅仅在于：25 年前，他们中的一些人知道自己的人生目标是什么，而另一些人不清楚或不是很清楚自己的人生目标。

当一个人没有目标的时候的危害性是很大的，一个不知道自己明天将要干什么事情的人是很悲哀的。

不要做一个漫无目的的人。有句话叫"凡事预则立，不预则废"。未来的事情是我们无法预料的，正因为未来的不可预料性，所以我们应该多一些高瞻远瞩。当你的目标在心中真正形成的时候，你又怎么可能需要别人的唠叨与监督呢，你自然而然会被自己心中的目标牵着走。

第三节　靠自己的力量去生活

拥有真实的高度

一位成功者懂得如何去自立自强，而不会在生活中处处依赖他人。而一个人是否具有独立自主生活的能力，从他的生活方式中就可以看出来。

大仲马得知儿子小仲马寄出的稿子总是被退回，便对小仲马说："如果你能在寄稿时，随稿给编辑先生们附上一封短信，说'我是大仲马的儿子'，或许情况就会好多了。"

小仲马说："不，我不想坐在你肩头上摘苹果，那样摘来的苹果没有味道。"

年轻的小仲马不但拒绝以父亲的盛名做自己事业的敲门砖，而且不露声色地给自己取了十几个其他姓氏的笔名，以避免那些编辑先生们把他和大名鼎鼎的父亲联系起来。

面对一张张退稿笺，小仲马没有沮丧，仍在不露声色地坚持创作自己的作品。他的长篇小说《茶花女》寄出后，终于以其绝妙的构思和精彩的文笔震撼了一位资深编辑。这位知名编辑曾和大仲马有着多年的书信来往，他看到寄稿人的地址同大仲马的丝毫不差，怀疑是大仲马另取的笔名，但作品的风格却和大仲马的迥然不同。带着这种兴奋和疑问，他乘车造访了大仲马家。

令他吃惊的是，《茶花女》这部伟大作品的作者竟是大仲马名不见经传的儿子小仲马。"您为何不在稿子上署上您的真实姓名呢？"老编辑疑惑地问小仲马。

小仲马说："我只想拥有真实的高度。"

老编辑对小仲马的为人赞叹不已。

《茶花女》出版后，法国文坛书评家一致认为这部作品的价值大大超越了大仲马的代表作《基度山伯爵》。小仲马一时声名鹊起。

只有靠自己的水平赢得的结果，才是真正的收获。小仲马靠自己的能力赢得了荣誉，这是自强自立的结果。我们每个人都要学会脱离自己原本所依附的人或事，学着自己站起来。

靠模仿别人无法成功

在英国伦敦乡村，一直流传着这样一个故事：

有一个孩子家境贫穷。一天，他走进一家银行，希望找一份工作，但被拒绝了。他抽泣着，嚼着用从好心的姑妈那里偷来的一分钱买来的甘草糖，一声不吭地沿着银行的大理石台阶跳下来，弯腰从地上捡起一样东西。银行家以为他要用石头掷他，于是躲到了门后，却看到那个孩子将捡起的东西装进口袋。

"过来，孩子！"银行家叫道，"你捡的是什么？"

"一个别针呗！"孩子回答。

"你是个乖孩子吗？上过学吗？"银行家又问。

"是的。"孩子回答。

于是银行家用金笔写了个"St. Peter"，问小孩是什么意思。

"咸彼得。"小孩并没上过学，所以他把"Saint"的缩写"St

．"误认为是"Salt（咸的意思）"了。

银行家并没有责备这个小孩，相反让他做了自己的合伙人，分给他一半的利润并把女儿嫁给了他。后来，他拥有了银行家的一切。

有个叫斯迪克的小男孩在听到这个故事后，认为对自己很有启发。于是，连续6个星期，每天都去一家银行的门口找别针儿，他盼着银行家把他叫进去，问："你是个乖孩子吗？"然后问"St．John"是什么意思，他就会回答是"咸约翰"，接着银行家请他做合伙人并把女儿嫁给自己。

终于有一天，一位银行家问斯迪克："小孩儿，你捡什么呀？"

"别针儿呀。"斯迪克谦虚有礼地说。

"让我瞧瞧。"银行家接过了别针。

斯迪克非常兴奋，他摘下帽子准备跟着银行家走进银行，变成他的合伙人，再娶他女儿为妻。

但是，事情并没像他想象的那样发展，银行家说："这些别针是银行的，快点离开，要是再让我看见你在这儿瞎转悠，我就放狗咬你！"

斯迪克走开了，那别针也被吝啬的老头没收了。

每个人都有自己的特点，别人能做好的，你未必能行。一个人的成功，最终还是得靠自己，而不只是模仿着去"捡别针"。

从你作为一个生命呱呱坠地开始，就已经习惯父母的呵护与抚养，饥饿、寒冷、疼痛、挫折等，似乎都有人为你遮挡。而现在，当你一天天长大后，你要步入社会了，开始拥有自己的生活，你是否想过：离开了父母的怀抱，你能生存吗？你能适应社会吗？你能生活得很好吗？从这一刻开始，你的精神支柱就是你自己，只有你才能对你自己负责！

也许，你会遇到一些问题，觉得社会太黑暗，抱怨别人太势利，感受了人世间的冷暖之后，你变得孤独、寂寞，总有许许多多不可名状的情绪要发泄。这时，你应该想一想这是为什么？其实，你只是在潜意识里认为自己只不过是一个"孩子"，即使外表成熟，而内心却仍然依附着过去扶持你的力量。也就是说，你还没有独立，不能独自承担许多事情。所以你活得不顺心、不积极，没有做好自己该做的事，没有找准自己的位置。

我们活在这个世上，不能不独立。而这一切，又只能靠你自己，因为你自身就是你的生存环境之一，你才是你自己的主人。鲁迅先生的故事不知被多少人传诵：鲁迅小时候，由于家道的败落和父亲的病情，还是孩子的鲁迅过早地承担起了家庭的重担，他不仅要学习，还要每天往返于药店与当铺之间，为生活而奔波。即便如此，他还是不忘自强不息地奋斗。一次，由于上学迟到，老师批评他，鲁迅从此在自己的书桌上刻上了一个"早"字，这不仅仅是对自己的提醒，更是他人生观的体现——自立、自强。

当一个人独立了，放弃了对他人依赖的时候，当一个人真正为自己负责的时候，他就会变得无比强大。养成独立生活的习惯，是你迈向成功的第一步。在这个世界上，没有人会陪你一生一世，我们每个人都需要学会独立生活。

一个娇生惯养、从来没有出过远门的孩子，要想迅速地成熟起来，最好的方法是让他远离父母，去过独立的生活。正如一个婴儿，只有当他挣脱了父母扶持的双手，自己一步一步地向前迈进，我们才会惊喜地说"宝宝会走了"。

在我们的生活环境中，社会的进步、利益关系使人与人之间的关系出现了变化。然而，谁也无法在课堂上、书本中和家里教会你如何自如地处理各种复杂的社会关系、人际关系和利害关系。教你如何克服自身的情绪和弱点，以一个成熟者的目光来审视世界上的一切。只有你自己独立地去面对、去体味，才会获得知识。正如一位先哲所说："若想让小鸟学会飞，就要把它放出去。"

每个人都可能有这样的经历，被一位朋友领着穿过几条不曾到过的小巷，去一个陌生的地方，第二次自己来时，竟然无法辨认上次走过的路线；如果按图索骥地去寻找，走一路问一路，自己再来时，就能够十分准确地找到目的地—这就是独立的境界。

独立的境界是美妙的，可独立的习惯却是需要我们自己去学习和培养的。独立地面对社会，面对自然，面对你自己，面对生活。

独立的习惯是成大事者应该具备的条件之一。一个独立的人，会坚守信仰，只有这样，才能够在人生道路上不迷失方向，才能为自己的人生涂上一道亮丽的色彩。

年轻人做人要独立，只有如此，才能解放思想，不断探索。例如，从事学术工作者只有坚持自我，才能解放思想、勇于怀疑、富有创造性；才能埋头钻研，上下求索，以追求真理为宗旨；才能促进学术的发展与进步；才能在将来成就一番事业。养成独立生活的习惯，这种习惯会在成功的路上助你一臂之力，学会独立生活，拥有了独立的品格，你就拥有了成功者必备的一个条件。

自立自强是打开成功之门的钥匙，也是力量的源泉。力量是自发的，而依赖他人只会导致懦弱与屈服。坐在健身房里让别人替我们练习，我们是无法增强自己肌肉的力量的。没有什么比依靠他人的习惯更能破坏独立自主的能力。如果你依靠他人，你将永远坚强不起来，也不会有独创力。做人，要么独立自主，要么埋葬雄心壮志，一辈子老老实实做个庸人。

第四节　找到属于自己的那片天

有效发挥自己的强项

三百六十行，行行出状元。成才的路不只有上大学一条，只要找到一片适合自己的天空，就能自由翱翔，开辟出成功的天地。

加拿大少年琼尼·马汶的父亲是木匠，母亲是家庭主妇。夫妇俩节衣缩食，一点一点地攒钱，因为他们准备送儿子上大学。

可马汶上中学时，学习成绩总是不理想。其实他读书相当努力。一天，学校聘请的一位心理医生把这个16岁的少年叫到办公室，对他说："马汶，我看过了你各学科的成绩和各项体格检查，对于你的情况我都仔细研究过了。"

"我一直很用功的。"马汶插嘴道。

心理医生说："孩子，问题就出在这里，虽然你很用功，可是没有多大进步，有些课程的成绩也不理想，如果再继续学下去，那可能对你这一生不利。"

"如果不上学，我父母会很痛苦的，他们都把希望寄托在我的学业上。"马汶说这话时，几乎要哭出声来。

心理医生伸出慈爱的手，抚摸着孩子的脸，安慰道："孩子，别难过。只要你记住我的话，你会成功的。一位画家不懂五线谱，或者一位数学家不会写小说，这都是正常的。但是，他们都有自己的特长。你也一样，我相信有朝一日你会发现自己的优势，到那时，你的家人会为你感到自豪的。"

于是，马汶离开了学校，开始四处找工作。马汶帮人护理花园，修剪花草。很快，人们发现他的手特别巧，高兴地称他为"绿拇指"。确实，经过马汶整饰的花草都变得格外的美丽。

马汶也因此喜欢上了园艺。一天，他路过市政厅，见门前有一块垃圾地，脏得很。碰巧，一位参议员走了出来，马汶急忙走上前说："这块地可以建成一个花园。"

"这个主意是不错，可是市政厅财政紧张。"参议员说。

"还有别的问题吗？"马汶对参议员说。

"除了市政厅没有这笔钱外，没有别的问题。"

"那好，我不要钱，只要同意我做就可以了。"

一听这话，参议员感到万分惊诧，因为他从来没遇过做事不要钱的人！于是他说："我马上给你办理好相关手续。"

当天下午，马汶拿了几样工具，带上种子、肥料来到目的地。一位热心的朋友给他送来一些树苗；一些相熟的顾主请他到自己的花圃剪用玫瑰插枝；有的则提供篱笆用料。消息传到本城一家最大的家具厂，厂主立刻表示要免费承做公园里的条椅。

不久，这块泥泞的污秽场地就变成了一个美丽的公园，绿茸茸的草坪，幽幽的小径，人们在条椅上坐下来还能听到鸟儿在唱歌—马汶没有忘记给它们安家。全城的人都在议论，说一个年轻人办了一件了不起的事。这个小小的公园就是一个生动的展览橱窗，人们通过它看到了琼尼·马汶的才干，一致公认他是一个天生的风景园艺家。

后来琼尼·马汶成为知名的风景园艺家。

世间没有完美的人，即使你有很多缺点，也请你相信，你一定有优点和特长。成功就是有效地发挥自己的强项。

不要逼兔子去游泳

萧伯纳小的时候，花了很大的精力来学画画，但是效果不佳。在一次偶然的机会，他在戏剧艺术上的智慧爆发出来了，最终使他在这个领域得到了充分的发展。

钢琴大师茅为惠博士的父母在她很小的时候想让她继承爷爷—桥梁专家茅以升的事业，后来发现 3 岁的小为惠对一把小提琴爱不释手，没几天就能认识一个个音符了。爸爸在钢琴上弹一个音，为惠就能够在提琴上找到这个音，并能够拉出来。于是父母就放弃了原来的想法，在音乐方面对她进行培养，最终成就了一代钢琴大师。

有句话说，不要逼兔子去游泳，不要让鸭子去跑步。是兔子，就给它一片广阔的草地，让它去奔跑；是鸭子，就给它一片碧绿的湖水，让它去游泳；是雄鹰，就给它一片蓝天，让它去翱翔。

第五节　做掌握真理的少数人

用怀疑的眼光去发现真理

真理，要分为两类。一类是自然真理，这个一般是不会改变的。像地球围绕太阳转就是个自然真理，它不会变，会一直转下去，转到地球与太阳之中有一个消失为止。另一类是社会真理，社会真理就不像自然真理这样了，它不但变，而且变得很快，它会随着社会的不断变化而变化。所谓真理，也只是一个短暂的时期里最适合、最先进的理念。

社会的变化是瞬息的，真理的变化也是瞬息的，所以我们不能抓住一种思想不放。你知道了解它的时候，它还是真理，可随着时间的推移，社会变了，条件变了，它不适合了，就不再是真理了。

对于任何事我们都不能轻易相信，亲眼看到的都不一定是真的。魔术我们都见过，就在你眼前，可你看到的却都是假的，社会中这样的事情太多，所以要怀疑地看待每一件事，怀疑地看待别人的思想，这个世界上你唯一能够相信的只有你自己。如果你什么都不想就信了人家的，那他也可能和你一样什么都没想就信了别人的，这样传来的东西就没几分真实性、正确性了。不能想当然，要用怀疑的眼光看待问题，你才能发现真理。

学会主动掌握真理

我们不能任由别人的思想来影响支配我们，凡事都要思考，用自己的头脑仔细地分析、考虑。分析真理的对错，考虑它是不是已落后，让你的思维跟上社会的变化，只有走在社会前边，你才更易掌握真理。

想让自己成为一个出色的人，要让自己的思维走在别人前边，就要用自己独立的思维去思考。其实每个人都有掌握真理的机会，只是太多人都放弃了它，只会听别人说什么，只会看别人做什么，真理曾握在你手里，而你不去看它，抛弃了它，你又怎么能掌握它？

当你掌握了真理，学会了用自己的头脑去思考时，你会发现，有太多人的思想和你不一样。这个时候你一定要相信自己，只要你的思想是自己思考出来的，它也许不是最先进的、最正确的，但它一定比多数人能够接受的东西要进一步，因为真理掌握在少数人手里。

社会是不断变化的，能掌握这个社会最新动向，能够对这个社会做出最正确判断的人只有少数人。而当这种思想为多数人知晓时，社会已经发生新的变化了，它也落后了，就不再是真理了。

不要以为你的思想为多数人接受，你就是对的。其实恰恰相反，这个社会任何地方都存在着二八法则。更直观地说，它就像金字塔一样，越是上面人越少，人越多就表示你越处在底层。能够用自己的思维思考问题的人很少，能够用正确的方式去思考的人更少，所以真理永远掌握在少数人手里。

虽说少数人掌握的不一定就是真理，但多数人掌握的却一般是落后和过时的。所以当别人对你说"别人都那样，你为什么不那样"时，你要勇于对他说，也勇于对自己说："别人都那样，我为什么要那样？"让自己成为少数人，去掌握真理吧。不要只会学别人，随声附和。你不是电脑，只会传输别人做好的东西，只会执行别人给你的指示。你有自己的思维，自己去思考，用自己的双手去掌握真理。

哥白尼的"日心说"便是明证。当他首次提出地球围绕太阳公转时，所有的人都认为他疯了，因为罗马教皇的"地心说"已在人们的观念中根深蒂固。挑战大家心中的"真理"是大逆不道的，于是哥白尼的"日心说"在固有观念的压力下，惨遭扼杀。200 年后当"日心说"被证明是正确的理论时，人们才真正从因循守旧中跳出来，公平地评判哪个才是真理。

所以说，群众的眼睛是雪亮的，这句话要成立是有条件的，因为在群众的组成人员中，大部分人只是随势所趋，并没有真正的判断力，所以真理往往掌握在少数人手中。

有时，随波逐流是许多人的通病。有人看到 MBA 吃香了，就一窝蜂地赶着去为自己镀金；大家看到炒股炒基金赚钱了，借钱也要入市一回；农民看到别人种西红柿卖了高价，于是就把地里的黄瓜拔了种西红柿。

其实，在潮流面前，我们更应该保持清醒的头脑，有时候你的能力并不适合在目前的潮流里摸爬滚打，那就要看清自己的特长和兴趣是什么，找准发展的方向。

人活着，不能只是随波逐流，因为大多数人做的事情不一定是对的，人应该有自己的主见。

要做独一无二的自己，不能因为你的朋友在做某种事情，你也去做或者想去做它。不要因为怕与众不同而随波逐流。如果有必要，就去领导群众，但不要随大流。不随大流，你才会拥有比同龄人更成熟的个性和更加出众的能力。

成功的人不会是那些盲从多数的人，人云亦云很难取得真正的成功。你只有独树一帜，才有成功的可能。切记，成功永远降临在那些大胆冒险、不走寻常路的人的身上。

假如周围的人都劝你不要做某件事，甚至嘲笑你根本不该去想，那你可以考虑把这件事当作可能成功的指标。因为别人不敢做、不愿做的事，往往隐藏着成功的密码。

记住！金字塔永远不会倒过来，真理永远掌握在少数人手里！

第六节　点燃自己的心灯

每个人的心里，总有一盏心灯，一盏亮着的心灯，它无时无刻不在照着自己。让你在困境中奋进，让你在绝望中奋发。一个人如果没有了心灵里的那盏心灯，那他就会很快萎缩，消沉。

黑夜如期来临，像一张无形的大网，覆盖了整个世界，包容了整个空间，夜色无边无际，心也感觉很累、很倦。在黑夜中，我静静地为自己点上一盏心灯。让这盏不灭的灯照亮自己前行的方向，让自己的灵魂在黑夜中不迷失，让自己的心能在黑夜中感受到一丝光，心累了，就放下。心倦了，就歇歇。人生的旅程中有着太多的失意和寂寞。如果注定一生只能一个人默默承受和走过，那么就为自己点一盏心灯，别让自己在黑夜中找不到温暖和希望，别让自己失去对光明的追求和执着，寻一个安静的角落，把纷乱的思绪重新梳理，找一个没人看到的地方，把苦涩的泪水尽情倾泻。睡一觉后，早上醒来太阳仍是那么温暖和明亮。也许所有的故事都已尘封在了记忆深处，也许所有的温柔已经在风雨中结成了冰霜，也许经过了太多，心早已变麻木和冷漠。也许激情已经消失得无影无踪，可是只要心中有一盏不灭的心灯，只要生命不息，就会有春暖花开的日子，黑夜里为自己点一盏心灯，不必惧怕夜的孤单和黑暗，不必担心夜的寂寞和无助。夜是沉思和成长的好时候。一个人坐在黑夜中，细细地品味人生的酸甜苦辣，感受着夜的宁静和平和，忘记纷繁的事务，让自己的心智得到成长和锻炼。经过磨砺的人生才会更加完美和丰满。黑夜里为自己点一盏心灯，只要心还在歌唱，梦还在飞翔，心灯不灭，希望就永存。

心灯是希望，是黑暗中的启明星，是夜路回家的拐角的路灯。当你孤独无助时，朋友的关爱是心灯，让人感受到心灵的温暖。当你漂泊在外，父母的问候就是心灯，它让你感受到亲人的可贵。当你疲惫不堪走进家门时，孩子的叫声是心灯，它让你感受到骨肉的真情。

在阴雨连绵的季节，请为自己点亮阳光普照的心灯吧，即使下再大的雨，心灯不灭，天气就是明朗的；在天气寒冷的冬季，请为自己点亮温暖的心灯吧，即使是冰天雪地的季节，心灯不灭，身体就是暖和的。在痛苦悲伤的时刻，请为自己点亮快乐的心灯吧，不管遭受怎样痛苦的打击，心灯不灭，快乐就会重新到来。

错误的报告单

一位患了癌症的病人去医院检查，医生拿错了报告单，于是告诉他：你一切都好，没什么病。病人拿着报告单走出医院，果真觉得轻松，开心而充实。直到有一天医生发现了自己的失误，大惊失色，忙打电话叫他到医院。令人惊讶的事发生了—这一次检查下来病人居然已经完全恢复健康，癌细胞全都消失了。

这就是精神的力量！一纸错误的报告单却点亮了病人的心灯，他内心的自信和坚强让他从黑暗走出，重新拥抱了灿烂的生命。

恐惧可以熄灭心灯

一个年轻人一天下班后进入公司的冷藏库取东西。没想到竟然误被反锁在车里，他绝望地拍着车身大喊救命，空无一人的车库却没有人能来帮助他。他知道冷藏车的温度通常都是开在零度以下，而衣着单薄的他必须熬过十多个小时才可能脱困。他越想越害怕，越想越觉得浑身冰冷。第二天一位同事打开车门，惊讶地发现他冻死在里面—但冷藏车根本没有使用！也就是说，车内温度只比车外稍低几度而已，根本不可能将人冻死。

年轻人其实是死于心理恐惧。对低温过分的恐惧使他没有力量支撑下去，没有了心灯，没有了内心的勇气和希望，他黯然逝去。

点亮自己生命的心灯，你就会昂首阔步地前行，你就会冲破前进道路上的艰难险阻，就会达到理想的彼岸！

第七节　敢于突破才能有所斩获

在生活中，有竞争也有合作。在学校生活中，有很多人会只顾竞争，一味地羡慕学习好的人，总想成为像别人一样优秀的人，但谁又何曾真正努力想过：人的一生应当怎样度过？

奥斯特洛夫斯基这样说：人最宝贵的是生命。生命属于每个人的只有一次。人的一生应当这样度过：当回首往事时，不因虚度年华而悔恨，不因碌碌无为而羞愧；在临死的时候，他能够说："我的整个生命和全部精力，都已献给了世界上最壮丽的事业—为人类解放而斗争。"

因此，请做最好的自己，勇敢地跳出自我的局限。能够成就大事业的人，是敢于想人所不敢想，为人所不敢为，不怕孤立的人；是勇敢而有创造力的人，是那些勇于挑战的人。

现实中有太多的人，生活在一种被束缚、被阻碍的不良环境中；生活在一种足以泯灭热诚、丧失志气、分散精力、浪费时间的氛围中。他们没有勇气去斩除束缚他们的桎梏，也没有毅力去抛弃旧有的一切。终于，他们的志向，会因没有成绩、失望之故而归于灭亡。每一个人都有自己的局限。凡是取得成功的人，都是努力进取，善于打破陈腐的规则，突破自我局限的人。大胆地放开思路，突破自我的思想局限，努力进取，才能取得成功。能够成就大事业的人，永远是那些坚持自己见解的人；是敢于想人所不敢想，为人所不敢为，不怕孤立的人；是勇敢而有创造力的人，做前人所没有做的人；是那些勇于创新的人。

铁链的限制

一个小孩在看完马戏团精彩的表演后，随着父亲到帐篷外拿干草喂表演完的动物。小孩注意到一旁的大象群，问父亲："爸，大象那么有力气，为什么它们的脚上只系着一条小小的铁链，难道它无法挣开那条铁链逃脱吗？"父亲笑了笑，耐心为孩子解释说："没错，大象是挣不开那条细细的铁链。在大象还小的时候，驯兽师就是用同样的铁链来系住小象，那时候的小象，力气还不够大，小象起初也想挣开铁链的束缚，可是试过几次之后，知道自己的力气不足以挣开铁链，也就放弃了挣脱的念头，等小象长成大象后，它就甘心受那条铁链的限制，而不再想逃脱了。"

很多时候，我们就像那头象一样，就算有了能力，也没有突破自己的勇气和念头了。

自我局限就是画地为牢

曾有人做过实验，将一只最凶猛的鲨鱼和一群热带鱼放在同一个池子，然后用强化玻璃隔开。最初，鲨鱼每天不断冲撞那块玻璃，奈何这只是徒劳，它始终不能过到对面去，而实验人员每天都放一些鲫鱼在池子里，所以鲨鱼也没缺少猎物，只是它仍然想到对面去，想尝一下那美丽的热带鱼的滋味，每天仍是不断冲撞那块玻璃，它试了每个角落，每次都是用尽全力，但每次也总是弄得伤痕累累，有好几次都浑身破裂出血。持续了好一些日子，每当玻璃出现裂痕，实验人员马上加上一块更厚的玻璃。

后来，鲨鱼不再冲撞那块玻璃了，对那些斑斓的热带鱼也不再感兴趣，好像它们只是墙上会动的壁画。它开始等着每天会固定出现的鲫鱼，然后用它敏捷的本能进行狩猎，好像以此显示自己在海中不可一世的霸气，但这一切只不过是假象罢了，实验到了最后的阶段，实验人员将玻璃取走，但鲨鱼却没有反应，每天仍是在固定的区域游着，它不但对那些热带鱼视若无睹，甚至于当那些鲫鱼逃到那边去，它就立刻放弃追逐，说什么也不愿再过去。

自我局限是一种画地为牢的行为，导致人无法突破自己。各种规则可以引导你轻松地完成某些事，但也让你找到循规蹈矩的理由，束缚你的勇敢精神和创新意识，扼杀你的挑战精神。

许多青年男女，都有志于表现他们自己，但被过度的胆怯与缺乏自信所束缚、所阻挡，他们觉得内在力量跃跃欲试，却总害怕失败，不敢行动。怕别人讥讽和嘲弄，害怕流言蜚语，这种恐惧心理会导致他们不敢说话、不敢做事、不敢冒险、不敢前进。他们等待又等待，希望有一种神秘的力量，可以释放他们，并给予他们以信心与希望。

向"不可能"挑战

许多年以来，人们一直认为要在四分钟内跑完一英里的路程是件绝对不可能的事。在 1954 年 5 月 6 日，美国运动员班尼斯特一举打破了这项世界纪录。人们在惊奇之余，不禁想知道他是怎么做到的。班尼斯特在一次记者招待会上这样说道："每天早上我起床后，都大声对自己说：我一定能在四分钟内跑完一英里！这个梦想我有信心去实现。我也坚信自己能成功。这样大喊之后，我便在教练库里顿博士的指导下，进行起了艰苦的体能训练。终于，我用 3 分 56 秒 6 的成绩打破了一英里跑的世界纪录。"

更有趣的是，在随后的一年里，竟有 37 人进榜，而在后面的一年时间里更有多达三百来人之多。

之所以会有这个现象，是因为班尼斯特对自己充满了信心，并具有坚定不移的信念。而他的成就又正好给其他人提供了一个新的依据，大家所认为的"不可能"实际上是可能的。

勇于突破自我的束缚，表现在工作上，就是要敢于向"不可能完成"的任务挑战！勇于向"不可能完成"的工作挑战，是获得成功的基础。有的人虽然颇有才学，具备种种获得老板赏识的能力，但是却有个致命弱点：缺乏挑战的勇气，只愿做谨小慎微的"安全专家"。对不时出现的那些异常困难的工作，不敢主动发起"进攻"，而是一躲再躲。他们认为：要保住工作，就要保持熟悉的一切，对于那些颇有难度的事情，还是躲远一些好，否则，就有可能被撞得头破血流。结果终其一生，也只能从事一些平庸的工作。一位老板描述自己心目中的理想员工时说："我们所急需的人才，是有奋斗进取精神，勇于向'不可能完成'的工作挑战的人。"

第八节　别把自己的个性丢了

决定人生是否成功的，不在金钱财富，也不在聪明智慧，而在于一个人的个性。如果一个人拥有恬淡从容、豁达开朗的个性，即便贫穷，也一定能自得其乐，相信不管境遇如何，他都能找到令自己平和快乐的方式，都能让自己的生命永远充满生机，都能找到通往成功的大道！

个性在你的掌握之中

原美国布朗大学校长，现任卡耐基基金会主席瓦尔坦·格雷戈里安的童年十分不幸。在他6岁的时候，母亲便因病去世了，是祖母在伊朗的山区将他带大的。

格雷戈里安的祖母是一个很不幸的女人。由于战争和疾病，她失去了所有的孩子。虽然命运对她十分不公，但她并未因此失去对生活的信心。

为了让格雷戈里安从失去亲人的阴影中走出来，健康快乐地成长，祖母经常教导他说："孩子，有两件事一定要记牢：第一是际遇，那是你无法控制的；第二是你的个性，那可是在你掌握之中的。你可以失去你的美丽，也可以失去你的财富，但你绝不能失去你的个性，因为它是掌握在你自己手中的。"祖母的这句话在格雷戈里安的成长道路上，起到了十分关键的作用，也改变了他的一生。

是啊，你可以失去一切，但你绝不能失去你个性。读了这句话，相信所有人都会为这位祖母的智慧所折服。

伟人的成功源自性格

有人说在一个人事业成功的过程中，性格是其最重要的因素。性格好比是水泥柱子中的钢筋铁骨，而知识和学问则是浇筑的混凝土。没有钢筋铁骨的支撑，再多的混凝土也建不起大厦。

20 世纪，一个独特的生命个体以其勇敢的方式震撼了世界，她——海伦·凯勒，一个生活在黑暗中却又给人类带来光明的女性，一个度过了生命的 88 个春秋，却熬过了 87 年无光、无声、无语的孤绝岁月的弱女子。

创造这一奇迹，全靠一颗不屈不挠的心。海伦接受了生命的挑战，用爱心去拥抱世界，以惊人的毅力面对困境。海伦·凯勒是美国 20 世纪著名的盲聋女作家和演讲者，她凭借坚强的意志考入哈佛大学的拉德克里夫学院，成为世界上第一个完成大学教育的盲聋人，曾入选美国《时代周刊》评选的"人类十大偶像"，被授予"总统自由奖章"。

亚伯拉罕·林肯是美国第 16 任总统，是世界历史中最伟大的人物之一，领导了拯救联邦和结束奴隶制度的伟大斗争。人们怀念他的正直、仁慈和坚强的个性，他一直是美国历史上最受人景仰的总统之一。尽管他在边疆只受过一点儿初级教育，担任公职的经验也很少，然而，他那敏锐的洞察力和深厚的人道主义意识，使他成了美国历史上最伟大的总统。林肯的一生是在接踵不断的磨难中度过的。挫折是他生活的主旋律，抑郁是他个人的大敌。但林肯还是挺了过来，直到最后一刻！

拿破仑是世界历史上伟大而又充满争议的人物。对于 18 世纪的法国来说，那个时代需要一种能够控制社会的力量，从而建立一个强有力的国家。历史选择了拿破仑。在法国，人们不但认为拿破仑代表了这种力量和征服欧洲的希望，而且将实现和平繁荣的愿望寄托在他身上，至今他依然被法国人视为历史上的英雄。他坚信一个人应养成良好性格的习惯，即使在最危急的时候，也要相信自己的勇敢与毅力。

可以说，性格控制了一个人的行动和思想，也决定了他的视野、事业和成就。打磨出性格的自然璞玉，让美丽的性格散发光辉，让好性格伴随着自己构建出精彩的人生。

从伟人们的身上我们可以发现，塑造良好的性格能使平庸的生命变得伟大。它可以战胜一切艰难险阻，是智勇和自信的体现；它有着化腐朽为神奇的力量，能把人从黑暗地狱中引入到光明世界里；它是整个世界与人类的必然，也是世间万物的真实流露与真正回归；它是生命最真的诠释，任何困难和挫折都不能阻止人类前进的脚步。努力锤炼性格的刚性，人人都可以走向成功，也只有这样才能更好地适应社会的发展，在充满竞争的社会中始终立于不败之地。

珍惜自己倔强的个性

瓦特从小性格就很倔强。他和别的孩子一样都喜欢玩具，但是与众不同的是，到他手里的玩具一定要拆开，零件要卸下来，要看个究竟，弄个明白。然后。再按照原来的模样，安装上，组合好，使玩具恢复原状。一次邻居家孩子的小车坏了，那个孩子很着急，瓦特拿过来，鼓捣鼓捣就好了。像这样的事可多了，瓦特不知给孩子们修好了多少玩具呢。

瓦特的父亲是一个穷苦的木匠，整日如牛一样负重地劳动着。母亲负担家务，整个家庭充满着痛苦和忧愁，由于他出生在这样贫寒的家庭，自然父母很难给他以结实健康的身体。童年的瓦特身体非常虚弱，骨瘦如柴。贫病交加，使他失去了入学校读书的机会。时间长了，孩子们也都不体谅他，见他不上学，游手好闲，常常半真半假地说他坏话，叫他"懒孩子""病包子"。瓦特听了很不高兴。

瓦特很有自尊心。他不甘心这样虚度童年，他要求读书，渴望学习。在他强烈的要求下，父母又拗不过他，只好答应。不管春夏秋冬，不管怎样辛苦劳累，都要抽空教他读书、写字，有时还教他学些算术。就这样，童年的瓦特，在贫寒的家庭里，过着他那聊以自慰的学习生活。学的知识虽不多，他却记得很牢固，有时还能举一反三。大约在他六七岁时，发生过这样一件事：

有一天，一位客人来看望他父亲。闲聊时，客人看见瓦特正拿着一支粉笔在地板上，火炉上，画些圆圈和直线。客人便关切地对他父亲说："你为什么不送孩子进学校学些有用的功课呢？在家里乱画，岂不白白浪费时光吗？"父亲马上哈哈笑起来，然后回答说："先生，你仔细看看，你看我的孩子在画什么？"客人很纳闷，好奇地走过去，细心地瞧了一阵子，便恍然大悟地说："啊，原来是这样。这孩子画的是圆形和方形的平面图哇！这不是浪费，是在演算一个几何学上的问题，绝不是浪费。"说完后，赞许地拍拍瓦特的肩膀。

瓦特的倔强性格，表现在他对文化科学知识的追求上，孜孜不倦，不达目的，决不释手。倔强的性格没有给他带来什么损失，相反地成了他可贵的东西。

人类是万物灵长，具有天地之心。人类要主宰整个世界也就注定要驾驭好自身的性格，只有这样才能不负推动世界进程的使命，成为改写人类历史的英雄。

第九节　认准舞台再登场

找到你自己的世界

　　1887年圣诞节那天，有一个男孩出生在新墨西哥州一个不起眼的小镇上。这个男孩就是后来名震全球的酒店大王唐拉德·希尔顿。

　　然而在希尔顿出生时，他家的生活非常拮据。父亲起早贪黑，勤奋持家的精神，也深深注入希尔顿的脑海中，使得他从小都很勤奋。

　　是的，希尔顿的一生，是奋斗的一生。他从13岁开始做店员，又做过小贩、商人、投资矿主、政客、军人，后来又干起了他父亲留下的小本买卖，但都一事无成。

　　"我不知道该如何重整旗鼓。"希尔顿有点灰心地向母亲诉苦说。

　　母亲严肃而又坚定地对儿子说："唐拉德！你必须找到你自己的世界！要行大船，必须先找到水深的地方。"

　　于是，希尔顿来到了德克萨斯州。在经过了无数的打击后，命运终于垂青了他。

　　一天，希尔顿准备在一家旅馆投宿。谁知旅馆门厅里的人群就像沙丁鱼似地争着往柜台挤，他好不容易挤到柜台前，服务员却把登记簿"啪"的一合，高声喊道："客满了！"

　　接着，一个板着脸的先生开始清理客厅，驱赶人群。希尔顿憋了一肚子气，忽然灵机一动地问："你是这家旅馆的主人吗？"对方看了他一眼，随即诉起苦来："是的。我在这个鬼地方已经待够了，赚不到钱不说，还被困住。我真的错了，这里做石油生意很赚钱，而我居然把钱投到旅馆上！现在我有这样的想法，谁要能出 5 万美元，今晚就可以拥有这儿的一切，包括我的床。"旅店老板似乎下定了卖店的决心。

3 个小时后，希尔顿仔细查阅了这家旅馆的账簿，发现在这个小镇上，旅店住宿并没有完全发挥出它的最大价值。就拿这家小旅店来说，往往是因为客人过多而无法安排。如果把餐厅隔成一个个小房间，增加些床位，再把大厅的一角辟为一个小杂货铺，将会给旅馆增加一笔可观的收入。后来，希尔顿称之为"装箱技巧"，就是把有限的空间巧妙地加以利用，使旅馆的土地面积和空间产生最大的效益，使旅馆的每一尺地方都产生出"金子"来。

经过一番讨价还价，卖主最后同意以 4 万美元出售。不过旅店主人限定一周内付钱。

当时，希尔顿只有 5000 美元的现款，怎么办？他开始了紧锣密鼓的筹款行动，到只差最后一天的时候，还有 5000 美元没有着落。

就在这个时候，希尔顿想出一个大胆的念头，他硬着头皮找上一家银行，对经理说："我有位经营牧场的朋友，他在新墨西哥拥有一个牧场，平心而论，最少价值 2 万美元。你为什么不先借给他 5000 美元呢？以后他一定奉还！"

经理沉默了半晌，希尔顿耐心地等待。终于，经理开口答应了。从此，这家旅馆归他所有了。他立刻给母亲打电报报喜："新世界已经找到，这里可谓水深港阔，第一艘大船已在此下水。"事实证明了希尔顿的选择是正确的，他的产业迅速地崛起，事业蒸蒸日上，建起了一个全世界无可匹敌的"旅店帝国"。这个帝国跨越国界，在美国和世界上其他国家的大都市，共竖起 210 座高楼大厦，在那里摆下数不清的装饰高雅的床铺，招揽数以万计的旅客。希尔顿本人也赢得"旅店大王"的美誉。

希尔顿本人还举这样一个例子，一块生铁价值5元，把它铸成马蹄铁后可以值10.5元；如果再把它变成工业上的磁针可以值3000多元；如果制成手表发条，其价值就是25万元。

因此，我们从小做事就应该有敢闯的意识，寻找机遇，寻找适合自己的人生舞台，挖掘自己独到的价值，实现自己的人生目标。

换句话说，我们就是要把自己的前途目标定得大一些，实现自己的最大价值。定好目标后，我们要大胆地开发自己多姿多彩的世界，不要因为长辈的原因而被纳入一条安定的轨道，失掉应该属于自己的天地。人活着，与其庸庸碌碌活百岁，不如轰轰烈烈地干一场。

找到适合自己的生活方式

要想放大船，必须先找到水深的地方。在这个世界上，没有一个标准可以说明你活得很好，请记住：找到了适合自己的生活方式，你就能成为最优秀的自己。

俄罗斯著名男低音歌唱家奥多尔夏宾19岁的时候，来到喀山市的剧院经理处，他准备加入合唱队。但他正处在变音阶段，结果没被录取。过了七年，他已成了著名歌唱家。一次他认识了高尔基，向他谈了自己青年时代的遭遇，高尔基听了，出乎意料地笑了，原来就在那个时候，他也想成为该剧团的一名合唱演员并被选中了，不过很快他就明白，他根本没有唱歌的天赋，于是退出了合唱队。

离斯特拉福德镇不远有一座贵族宅邸，主人是托马斯路希爵士。有一天，刚二十出头的莎士比亚伙同镇上几名好事之徒，溜进爵士的花园，开枪打死了一头鹿。结果莎士比亚被当场抓住，在管家的房间里被囚禁了一夜。莎士比亚在这一昼夜间受尽侮辱，释放后便写了一首尖刻的讽刺诗，贴在花园的门上。这下子惹得爵士火冒三丈，扬言要诉诸法律严惩那个写歪诗的偷鹿贼。于是莎士比亚在家乡待不下去了，只好走上去伦敦的路途。

正如作家华盛顿欧文所说："从此斯特拉福德镇失去了一个手艺不高的梳羊毛的人，而全世界却获得了一位不朽的诗人。"

所谓"不在一棵树上吊死"即不必认死理。只要能找到最适合自己的生存方式，就能活出自己的风采！

第十节　发掘自己的潜力

格拉宁说："如果每个人都能知道自己能干什么，那么生活会变得多么好！因为每个人的能力都比他自己感觉到的大得多。"

摩西奶奶效应

20世纪80年代，美国新行为主义学者通过对众多"退休村"的调查发现，不少人到垂暮之年，才发现自己身上还具备尚未被开发的潜能。摩西奶奶就是其中比较典型的一例。艺术家摩西奶奶，至暮年才发现自己有惊人的艺术天赋，75岁开始学画，80岁首次举行个人画展，于是社会心理学家便将这种潜像称为"摩西奶奶效应"。

在现实生活中，很多人都在给自己做着"限定"：这是我能做的最好的作品了、这是我的极限了、我再也不能突破了、我没有能力、潜能被我挖掘完了……那么事实是这样吗？心理学的研究成果告诉我们，普通人在生前仅开发了自身基因中潜在能力的百分之零点几，即使是爱因斯坦，也只不过是开发了30%，那么何来潜能被挖掘完了、再也不能突破自我了呢？在这种不良心态的影响下，将会给我们的生活带来非常不好的影响。

我们都知道，一个人要想成功，突破自己和不断上进两个方面是必不可少的，可是非常遗憾的是，很多人缺少的就是这两个方面。

挑战自我，挖掘潜力

有一位钢琴教师，经他手教出来的学生，个个都是顶尖高手，很多人都很奇怪，同样是教钢琴，为什么这个老师总是那么厉害呢？难道他有什么秘诀不成？

为了一探究竟，一位音乐系的学生走进了这个老师的练习室。

刚开始，这个老师也是平常的教育，教给学生一些基本功。3个月过去的那一天，钢琴上摆放了一份全新的乐谱。学生翻动着，喃喃自语，感觉自己对弹奏钢琴的信心似乎跌到谷底，消磨殆尽。已经3个月了，自从这位新的指导教授之后，他不知道，为什么教授要以这种方式整人？

"试试看吧！"老师说。乐谱难度颇高，学生弹得生涩僵滞错误百出。"还不熟，回去好好练习！"老师在下课时，如此叮嘱学生。

学生练了一个星期，第2周上课时，没想到教授又给了他一份难度更高的乐谱，"试试看吧！"上星期的功课教授提也没提。学生再次挣扎于更高难度的技巧挑战。第3周，更难的乐谱又出现了，同样的情形持续着。学生每次在课堂上都被一份新的乐谱挑战，然后把它带回去练习，接着再回到课堂上，重新面对难上两倍的乐谱，都怎么都追不上进度，一点也没有因为上周的练习而有驾轻就熟的感觉，学生感到愈来愈不安、沮丧及气馁。

教授走进练习室，这个学生再也忍不住了，他必须向钢琴教师提出这3个月来何以不断折磨自己的质疑。

教授没开口，他抽出了最早的第一份乐谱，交给学生。"弹奏吧！"他以坚定的眼神望着学生。不可思议的事情发生了，连学生自己都惊讶万分，他居然可以将这首曲子弹奏得如此美妙、如此精湛！教授又让学生试了第二堂课的乐谱，学生仍然有高水平的表现。演奏结束，学生怔怔地看着老师，说不出话来。"如果我任由你表现最擅长的部分，可能你还在练习最早的那份谱，不可能有现在这样的表现。"教授缓缓地说。

现在，这位学生终于明白了，这个老师之所以钢琴教得好，完全在于他善于挖掘别人的潜力。

最后，这位学生在自己日记中这样写道："人，往往习惯于表现自己所熟悉、所擅长的领域。但如果我们愿意回首，细细检视，将会恍然大悟，看似紧锣密鼓的工作挑战、永无休止难度渐升的环境压力，不也就在不知不觉间养成了今日的诸般能力吗？因为，人确实有无限的潜力！有了这层体悟与认知，会让我们更欣然地面对未来更多的难题！人的能力是无限的，人的知识想象力具有很大的潜力，充分挖掘它，发挥丰富的创造力，就会做出使自己都感到吃惊的成绩来。"

正如这个学生所遇到的一样，人如果不经常挑战自己，又怎么能知道自己有多少实力和潜力呢？同样，如果不挖掘出自己的潜力，又如何走向成功呢？那么对于那些不善于挖掘自己潜力的人来说，该如何发挥自己的潜力呢？

改变自己的心态。乐天达观的人往往能取得成功，因为他们心态促使他们积极进取，而不是甘于认输、自暴自弃，甚至是一遇到挫折就打退堂鼓。在这些人的心目中，挫折不过是成功的垫脚石，他们的乐观、自信最终成就了他们的成功。

不要隐藏自己的志向。很多人之所以就没能发掘自己的潜力，很大一部分原因是他们为了生活、为了其他的一些事情而主动隐藏了自己的志向。比如个人的志向是当一名画家，但是在父母、老师、社会现实的干预下，他不得不隐藏自己的志向，而转向自己并不熟悉的领域，如果这些人做其他工作的同时也能追求自己的志向，那么说不定就能激发自己的潜能，从而改变自己的生活。

减少自己的心理负担。很多人之所以没有发掘自己的潜能，是因为生活的压力过大，根本无暇他顾，以至于自己身上到底有多少能力、有什么样的潜力都没有发现。特别是在现代社会，竞争如此激烈，我们为了社会力量之间的博弈已经耗费了绝大部分的精力，哪里还有时间去挖掘自己的潜能呢？当然，要想做到这一点，最好的办法就是减少自己的心理负担。

不断尝试和突破。所谓尝试和突破其实就是挖掘自身潜力的一种方式。为什么很多人在很多年的时间里没有一点点的改变、没有一点点的进步呢？细细观察我们会发现，无论是在生活上还是工作上，这些人都没有经历过一些尝试和突破，自然而然这些人也不会想着如何挖掘自己的潜力。

不断改变现状。人一旦安于现状就不会想着如何改变，而人一旦不想去改变，就不会去寻求自身的力量，从而白白地埋没了自己的潜能。

我们大部分人其实都在小觑自己的能力，有了小小成就马上就以为自己已经到达巅峰状态，于是不肯再冒险，坚决不再向上爬，结果白白浪费自己的潜能，错过无数向前推进的机会。

第十一节　承认无知才能够求知

人最怕的是不懂装懂。如果不懂，一般还不敢随便去做事，出问题的可能性会小些，如果没有完全弄懂，却又自认为懂了，那么，放开手去做的时候，往往差之毫厘而谬之千里，到那时就后悔莫及了。因此，究竟明白不明白，必须自己清楚，千万不能不懂装懂。

卖弄自己是无知的表现

唐代的元万顷是辽东道的管记，当时高丽王莫离支有不臣之心，与朝廷的关系紧张。朝廷上下对此都极为关注。元万顷也关心这件事，他作 7 篇檄文，讥笑非议高丽王莫离支愚蠢，不知道守住鸭绿江险要处。莫离支在回报文中说："恭敬地听到你指示了。"于是调兵守住鸭绿江险要处。朝廷知道这件事情之后，大为恼火，把元万顷流放到了岭南。

这位元万顷唯恐天下人不知道他博才多学，迫不及待地炫耀自己、卖弄学识，才影响到了国家政事与自己的仕途。

聪明人难以抑制住自己内心的卖弄与炫耀，愚笨之人又难以克服自己的自卑与狭隘，这两种情况，都会直接地导致不懂装懂的情况出现。

曾经有个姓李的元帅，战功累累，功业赫赫，有个读书人想讨好这位李元帅，作诗相赠。因为元帅姓李，所以这位士人就联想到了汉朝的名将李广，他想，把李元帅与李广相提并论，李元帅定会心花怒放的，所以诗中就有这么句："黄金台铸李将军。"

不料元帅阅后勃然大怒，立即命手下将他拖出去鞭打了一顿。读书人直喊冤屈，李元帅怒气冲冲地说："我劳苦多年，今年刚做元帅，你居然想让我降职做将，我不打你打谁。"

文人读书，武将用兵，所以轻浮的文人喜欢在武将面前卖弄。结果由于自己的无知，不但卖弄失败，还讨来一顿鞭子。

"知"和"不知"是一对孪生兄弟

"知"和"不知"是一对孪生兄弟，它们是相互依存的，也是对立统一的。没有"不知"，就不足以显出"知"的价值；没有"知"，也就无所谓"不知"的存在。只有对"知"和"不知"有一个正确的态度，才能算是真正的"知"。

孔子说的"由"，就是仲由，名字叫作子路，仲由是他的字。在孔门弟子中，是比较著名的一位，性格外向，心直口快，因而也缺少城府。可能他有点自以为是吧，才有孔子对他的这一番教诲。

可见，闻道有先后，术业有专攻，越是认识到自己无知的人，就越是能够避免屈辱，越是有益于自己的发展。

在人们印象中，孔子是一位循循善诱的良师，不是好发脾气的人。但是，在这一章中，我们看到了一个有血有肉的圣人。他有点声色俱厉，也有点恨铁不成钢。这，似乎更符合他因材施教的特点。

在孔子的一生中，他关于"知"和"不知"的论述，不只就这么一句。他的弟子们为什么非要把这一段显然影响子路"光辉形象"的话编入《论语》呢？在开始编纂《论语》的时候，子路的形象应该是一位德高望重的长者；在这段话中，他却要像一个小孩子一样，受到老师的教训。

这，是不是对子路的不尊重？当然不是。当初孔子给子路讲这一番话，大概不会是在大庭广众之中，那样是不符合孔子修养和个性的。那么，我们就有必要考究一下，即使是圣人弟子，子路肯定也有很多缺点。

但是，"君子之过，如日月之食"，他听了孔子的这番话，也许不一定立即改掉自己的缺点，但是，他肯定经常用这句话来教育自己，并且用来教育自己的弟子。于是，这句训斥子路的孔子语录，就广为流传。

大约和孔子同时代的古希腊哲学家苏格拉底，对于"知"与"不知"的问题，也作过一个有趣的表述：

他在海边的沙滩上，画了一大一小两个圆，然后对他的弟子们说：圆画得越大，圆线所接触到的圆外的沙子就越多。如果把一个人知道的东西比作圆圈里的沙子，那么，他知道得越多，他所接触到的不知道的东西就越多。

由此可见，"知"和"不知"是一对孪生兄弟，它们是相互依存的，也是对立统一的。没有"不知"，就不足以显出"知"的价值；没有"知"，也就无所谓"不知"的存在。只有对"知"和"不知"有一个正确的态度，才能算是真正的"知"。

我们的先贤孔子曾说过："由，诲汝知之乎？知之为知之，不知为不知，是知也。"（《论语·为政》）

一句圣人训斥贤人的话，在中国流传了几千年，妇孺皆知，脍炙人口。这不仅仅体现了圣人实事求是的思想风范，同时也体现了贤人光明磊落的人格风范。

这，更是我们应该学习的—圣贤尚且如此，我们还有必要故意美化自己、文过饰非吗？

我们要像子路一样，不以不知为耻，不要强不知为知。知道就是知道，不知道就是不知道。这不但是明智的，同时也是勇敢的，因此更是光荣的。很多时候，只有像孔子所教导的那样，坦率地承认我们自己的无知，反而对我们的人生和事业会产生更切实际的帮助。

第**3**章

青春的箴言

正值青春的人不应当害怕失败，只要下定决心，一切都可以重新来过，因为青春就是重塑自我的绝对资本。青春正在路上，我们要用欢快、激昂的声音在青春的路上唱起催人奋进的歌谣；用拼搏、努力的劲头在青春的路上书写胜利的篇章！

第一节 青春的朝气犹如清晨的甘露

活出有朝气的青春

在不知不觉之中青春逝去，感悟时间飞逝之快，还没来得及细细品味，恍然已步入人生中年，蓦然回首，才发觉青春来不及发挥得淋漓尽致就消失在视线之中。因此，为青春时期庸庸碌碌而追悔。

人往往把逝去的东西视为珍贵的，热情在恍惚中度过。在蹉跎的岁月之中浪费了年华，爱情出现于豆蔻年华之期，过早被压上了生活重担，提前压制了青春的活力。人活在世上不能够十全十美，因此，学会均衡一切事物才能应对自如，不抱怨世界不公，带来的一切不幸，也从不屈服命运里的坎坷，从未放弃人生的美好向往，从没停止过人生的奋斗，希望也就永不破灭。只要一息尚存，犹如在沙漠之中，发现不远之处一点绿洲，让你欣喜有所企盼。

春天万物复苏，夏天烈日炎炎，秋天丰硕果实，冬天宽阔无瑕，代表着人生几个阶段，即童年、青年、中年、老年都占有各自应有的位置，从不逾越界线。

人生的道路第一次能自己选择时，就像在一棵大树上被风吹落下的叶子一般，在风的音乐伴奏下时而轻盈飞舞，进而旋转劲舞，不管你舞得如何潇洒自如，美丽动人，但归宿何处，难定所踪，不知叶落何处，是幻想所占比例太多所致。大可不必为春去夏来而兴奋，也不必因秋去冬来而忧伤，大自然造物的规律是无法抗衡与逾越的。很难能一下子找到你适合自己的位置，但只要努力终有所得。

青年时代是人生最美好的时光，爱情婚姻会在这个年纪里让你幸福，同时让你在美好甜蜜之时能品尝几许忧伤与苦涩。在得意欢快时又有几多苦恼所围绕，世上所有美好的背后总有着这样或那样的缺憾。

每个人都想留住美丽青春，都盼望青春永驻。偶然去观看动植物标本展览，让人大开眼界，才知道了世界上还有如此美丽绝伦的生命。我盯着一支硕大的展翅欲飞的漂亮蝴蝶，不愿移动视线，被它的美丽所折服，久看后却有一股悲凉的情绪涌上心头，终结生命的美丽虽能世代永久，却缺少生命的灵气，让人欣赏美丽的同时又增添了一股不可抗拒的悲哀。人生即使留住美丽，没有生命的美丽意义何在？

人的一生须经受悲欢离合、喜怒哀乐，童年发育时期，青年花开时期，中年果实时期，老年贮藏时期，我们播种，耕耘，收获，贮藏着，规划自己的事业生涯，使事业和人生，收获着丰硕的果实，让生命呈现最佳状态。

珍惜宝贵的青春时光

在漫漫人生长途中，青春就像太阳一样闪耀着无限的光芒，照亮了人生的每一个角落。青春是生命的中一段风月，无限美好，充满阳光，充满欢声笑语。在生命朴实无华的背后，是让人感动的青春岁月里的真诚，是青春岁月里的无悔，是哭过后一笑而过的坦然。

时常在想，青春会是什么样子的，生命又是什么样子的，漫漫人生路，又会是怎样的一种生命的情怀？如果要用一个词来诠释生命，我希望这个词是青春。

在生命的岁月长河中，各色各样的生命在孕育繁衍，在海边，人们聆听着生命的乐章，面对大海的浩瀚，感受到生命的美丽，生命的色彩。清晨醒来，欣赏着朝霞的绚丽，面对天空蔚蓝，浮着闲逸的白云，可以感受到青春的朝气，青春的精彩。看大海，那一片灿烂光芒；观云舒，那一片阳光明媚。

有这么一句话，"其实，如果你仔细品，最有味道的还是我们的生活。"无论经历什么样的磨难，历经怎样的苦难，阳光依旧很灿烂，生活依旧很美好。人生短暂，我们应像向日葵一样迎着太阳欣然绽放，渐渐地吸收雨露阳光，茁壮成长。

经历了高考的洗礼，文文来到了一所普通大学，虽然没能如愿进入她理想中大学校门，但是，她觉得学校的名望与自己的成长成才没有多大关系，最重要的还是需要自己主观的努力，勤奋，踏实，向上。

初来到大学，文文感到这里人才辈出，各色各样的人才不断涌现，有时候感到了些许压力，但是，她却始终充满自信，因为她相信天生我才必有用。在大学里的各种团委、社团面试中，仍然免不了失败的结局，虽然有些不甘，但文文并没有因此而否定自己，她将不断总结经验，不断学习，为下次的腾飞而做好充足的准备。

文文愿自己是一只积极的鸟儿，用不懈努力换取青春的无悔，建构起一个温暖而踏实的巢；愿自己是一条勤快的鱼儿，以最快乐的方式绽放生命的光彩，游出一个潇洒而自在的水域；愿自己是一朵艳丽的牡丹，迎着骄阳傲然绽青春的美丽，活出一个自信而阳光的自己。

生命是一朵常开不败的花，而青春的朝气就像清晨的甘露一般。每个人的青春只有一次，我们要珍惜。正如一句话说得好，当你能飞的时候不要放弃飞；当你能梦的时候就不要放弃梦；当你能爱的时候就不要放弃爱。

第二节　青春用在哪里是看得见的

亦舒在小说中写道，一个女人的青春花在哪里是看得见的。其实这句话适用于任何人，并不分男女。

把青春用在努力上

王梦上大学的时候，把所有的时间都花在恋爱上，一场接着一场谈下来，毕业时她在谈恋爱这事情上积累了丰富的经验，成为恋爱达人，对如何钓到金龟婿很有心得；白绫则把所有的时间都用在学习上，几年下来拿到不少奖学金，毕业的时候以优秀的成绩考上了研究生；王刚把工作之余的大多数时间都投入到学习英语中，现在他办了一个英文补习班。

由此可见你把青春用在什么地方，那一方面就会回馈给你成果，一切的付出都不会白费如流水。学习如是，工作如是，恋爱亦如是。

当然人有天赋、才华的差距，但有天赋毕竟是少数人的专利，天赋和才华这类东西如果后天不加以打磨，往往并不长久，就像王安石《伤仲永》里面的那个五岁神童方仲永，不注重后天的教育和学习，最后只能"泯然众人矣"。相比天赋、才华，把青春用来努力是更可靠的事情。

村上春树这样谈自己写小说的事情：

"值得庆幸的是，集中力和耐力与才能不同，可以通过训练于后天获得，可以不断提升其资质。只要每天坐在书桌前，训练将意识倾注于一点，自然就能掌握。这同前面写过的强化肌肉的做法十分相似。每天不间断地写作，集中意识去工作，这些非做不可——将这样的信息持续不断地传递给身体系统，让它牢牢地记住，再悄悄移动刻度，一点一点将极限值向上提升，注意不让身体发觉。这跟每天坚持慢跑，强化肌肉，逐步打造出跑步者的体型，乃是异曲同工。给它刺激，持续；再给它刺激，持续。这一过程当然需要耐心，不过一定会得到相应的回报。"

他还谈到优秀的侦探小说家雷蒙德·钱德勒曾在私信中说过的话："哪怕没有什么东西可写，我每天也肯定在书桌前坐上好几个小时，独自一个人集中精力。"这是一种对他来说必不可少的日常训练。

无独有偶，台湾畅销书作家吴淡如也有类似的经历。某一天和恩师林清玄聊写作的事情。那时她还只是一个小编辑，也写了几本书，但是怎么写都不畅销。林清玄听了，诚恳地说：自己每天都会写三千字，对他来说，已经是一种习惯了。听了老师的话，吴淡如开始每天至少写两千字，即便写不出自己想写的东西来，那就写一些无聊的消息稿或者整理访问稿。后来她成了台湾家喻户晓的畅销书作家。她说："日积月累，是笨功夫，但也是最聪明的事。"

看来，只要有心，愿意花心力，随着时间的累积，任何技能经过反复练习、持续的努力，一定都能掌握。一个人对一项技能的掌握程度跟他的努力程度是成正比的。

用尽青春来完成使命

有一个叫珍妮弗的女孩，十八岁时进了一家服装公司，她工作非常卖力认真，碰到同事做不了的活儿，她都把它揽过来做。她第一年完成的工作量是几个熟手的总和。老板很器重她，年薪

人生箴言

从 2 万美元加到 4 万美元，并且胜任管理职务。但她自己知道她的使命不在此，两年后，虽然老板极力挽留，她还是提出了辞职。而后，她加入一家叫贝奇的房地产公司当销售代表。她工作更加努力，但开始还是有些不顺利，做了几笔买卖都失败了，几乎没有挣到什么钱。她丝毫也不气馁，白天拼命工作，晚上有针对性地到夜校读房地产经营的课程。

第二年，修完夜校的课程后，她的生意开始兴隆起来，那年她拿到了她想要的 100 万美元的佣金。但是，不久她却被妒忌她业绩的老板炒了鱿鱼。她又加盟另一家房地产公司，由于她的到来，该房地产公司的销售额翻了一番，六年后，她成了房地产行业的销售冠军，年收入超过一千万美元。

当别人问她导致她成功的关键是什么时，她笑着说："我知道自己想要的是什么，然后用尽我的青春去努力完成这一使命。"

善于利用青春的人，他们并不以计划为起点，而是以时间应当花在什么地方为起点。所以，一个人能否有效地利用自己的青春，掌握提高时间效率的艺术，已成为决定其成就大小的关键因素。

第三节　挥霍青春就是在"犯罪"

青春经不起挥霍

人生是不可逆的，昨天已经过去，今天也将成为昨天。当今天你为昨天而哀叹时，是否想过明天会不会哀叹已成昨日的今天？之所以时光倒流人们才会成为伟人，正是人们反省后的结果，于是才有了那么多不可能的"假如"。

大多数人回头看，都做着各类不能实现的假设，希望重新活过。大多数人向前看，都对未来寄托着最美好的、仿佛就在眼前的希望。可是我们真的不能重新活过，这是很多人的遗憾。我们也不能左右未来，你明知道未来是不确定的，你依然要往前走，因为活下去需要这样一个支撑。我们经常欺骗性地给自己一个希望——等我老了，那我就……或者，我会一辈子……

当你真的老了，你还记得或还能兑现在年轻时许下的诺言吗？你怎么知道这个承诺不会成为令你难以瞑目的遗憾，带到来生呢？你又怎么知道你这一辈子是不是就在这个誓言发过后便已经结束？

社会是普遍联系的，遵循一个平衡定律：一个人只有付出，才能得到回报，而一个人只想得到，不想付出，结果他什么也得不到，甚至损失得更多。

青春亦是如此，正是因为青春不可重来，才变得弥足珍贵；正是因为青春是一个人一生中身体最健康、情感最火热的岁月，才让人有足够的精力去放纵、挥洒；正是因为青春的时候我们放弃了，于是才有了悔恨，于是30岁以后才明白，青春经不起挥霍。

影片《唐山大地震》中徐帆饰演的母亲元妮的一句"没了，才知道什么是没了"，让观众无不潸然泪下。

对于生命是如此，对于亲人的离去亦是如此，对于青春的逝去，何尝不是如此？

生命的残酷恰恰就在于昨日不能重现，试想假如时光可以倒流，人们将会更加恣意地浪费、挥霍自己的人生，生命将变得一文不值。

青春，其实很短暂，年轻只是我们想停下来的一个借口。青春，一旦被我们挥霍掉，就不会再有，而现在的很多年轻人，正在不断地挥霍自己的青春。其实很多事情大家都能想明白，不能再这样挥霍青春，糊里糊涂地混日子，但却始终都找不前进的方向。难道这就是所谓的"知易行难"吗？年轻人缺少的到底是什么？一个目标？一个准确的方向？

人生箴言

一份不竭的动力？还是一股战胜一切的勇气？

人们都知道青春是用来拼搏的，但人们往往会在青春的道路上迷茫了自己。青春很短暂，谁都挥霍不起，过去的已经无法重来，剩下的还有多少？还能做些什么，也许连我们自己都不知道。当我们到了暮年，再回想起自己的青春的时候，不知那时候的我们会是什么感受？

安妮宝贝在《莲花》一书中有这样一段文字：

很多人蒙住眼睛，以为自己会一直无损而长寿，甚或不朽。他们相信自己的手里永远都有时间，可以肆无忌惮，做浪费和后悔的事情，总是认为能够再次获得机会。

的确，很少有人敢去触摸死亡，更不会去想象自己的生命何时终结，我们在给自己做规划时总以为我们有百年的生命，可事实上，很多人不曾老去便已逝去。年轻时，我们以为自己今后还有很长的路要走，于是我们把该承担的责任留到了以后，把该面对的困难留给了以后，最后可能连承诺都成为遗憾。

我们不妨做一个残忍的假设，假设今天是生命中的最后一天，我们应该如何面对？明天已经没了。想想吧，假如明天你就不在这个世界，你最遗憾的是什么？是不是那些未兑现的承诺？是不是那些虽是举手之劳却没有实现的小小愿望？生命是脆弱的，我们永远都想不到下一刻会发生什么。

青春应该是奋斗的

生命有多长，我们不知道；未来有多远，我们不知道。我们能看到的、知道的，只有当下，那么珍惜现在吧，不要挥霍、放纵、颓废，让你生命中的每一天都没有遗憾，都不留悔恨吧！

人就这么一生，人就到这世上匆匆忙忙地来一次，我们每个人的确应该有个奋斗的目标。如果该奋斗的我们去奋斗了，该拼搏的我们去拼搏了，但还不能如愿以偿，我们是否可以换个角度想一想：人生在世，有多少梦想是我们一时无法实现的？有多少目标是我们难以达到的？我们在仰视这些无法实现的梦想，眺望这些无法达到的目标之时，是否应该以一颗平常心去看待得与失。"岂能尽如人意，但求无愧我心。"对于一件事，只要我们尽力去做了，就应该觉得很充实，很满足，而无论其结果如何。

青春是短暂的，犹如绚美的烟火，但即使是短暂的，在那一瞬间却成了永恒。我们不会因为它短暂而忽视了它存在的价值，有人说存在的即是合理的，与其去抱怨青春的短暂，何不静下心来去领会它的奥妙呢？

有人为了博取青春的自由而付出了生命的代价，有人为了获得青春的成功而一直在努力前行。也许过了这个轻松的青春时节，以后的每个季节都不再轻松，既然这样，那我们为何又要虚度青春呢？当你在职场中碌碌无为时，青春的雨滴早已干涸；当你因失恋而一蹶不振时，青春的警钟早已敲响。

与其把青春挥霍殆尽而黯然垂泪，不如把握好现在的时光，让自己拥有一个不后悔的人生。

第四节　少壮不努力，老大徒伤悲

郭沫若说："人世间，比青春再可贵的东西实在没有，然而青春也最容易消逝。最可贵的东西却不甚为人们所爱惜，最易消逝的东西却在促使它的消逝。谁能保持永远的青春，便是伟大的人。"

法国牧师纳德·兰塞姆墓碑上刻着这样一句话："假如时光可以倒流，世界上将有一半的人可以成为伟人。"实事求是地讲，不少人都存在好逸恶劳意识，想少付出多获得，多享受少劳动，尤其是部分年轻人的好逸恶劳意识更加强烈，对娱乐玩耍的兴趣很浓，总是玩不够，对工作和

人生箴言

学习总是很冷淡，一提起工作和学习，就皱眉头。然而随着年龄的增长，一个人肩头的担子越来越重，要承担家庭责任，赡养老人、养育子女；要承担社会责任，干好工作、服务社会。于是，人的好逸恶劳意识就越来越淡化，能吃苦耐劳，工作和学习很有韧劲。

这时，那些在青年时期虚度年华的人，过了而立之年，想在工作中创造一流业绩，想提高家庭生活水平，却感到力不从心了。因为他以前混日子，给人造成了极坏的印象，所以领导不敢委他以重任；因为他以前不学习，技能水平很低，所以他难以干好工作，想跳槽也没有足够的资本。

我们经常会假设自己的人生—假如当初好好学习，那么今天的我将……假如当初我选择的是另外一家公司，那么今天我将……假如当初我娶了她，那么今天我将……

人们的假如往往都是抱怨，抱怨来源于对过去的追悔，对现在的不满。人们一边"假如"着曾经，一边却在毫不吝啬地把今天浪费在"假如"上，亲手让今天成为昨天的遗憾。

纳德·兰塞姆牧师在聆听了万余人的临终忏悔后，总结出了这句足以让后人时刻警醒的话—"假如时光可以倒流，世界上将有一半的人可以成为伟人。"

老了以后最后悔的事

比利时《老人》杂志曾在全国范围内，对 60 岁以上的老人开展了一次题为"你最后悔什么"的专题调查活动，调查的结果很有意思：

72% 的老人后悔年轻时的努力不够，以致事业无成；

67% 的老人后悔年轻时选择了错误的职业；

63% 的老人后悔对子女教育不够或方法不当；

58% 的老人后悔锻炼身体不足；

56% 的老人后悔对伴侣不够忠诚；

47% 的老人后悔对双亲尽孝不够；

41% 的老人后悔选错了终身伴侣；

36% 的老人后悔自己未能周游世界；

32% 的老人后悔自己一生过于平淡，缺乏刺激；

11% 的老人后悔没有赚到更多的金钱。

60 岁的老人，已是夕阳晚照，回首往事，对自己自然能够做出比较客观而公正的判断。这些对于回首往事的老人们虽然是终身遗憾，但对于年轻人来说，无不是一个警示。

72% 的老人后悔年轻时的努力不够，以致事业无成，这正印证了中国传统的警句"少壮不努力，老大徒伤悲"！

不要等老了再伤心悔恨

那时他还年轻，认为凡事都有可能，世界就在他的面前。

一天清晨，上帝来到他的身边，说："你有什么心愿吗？说出来，我可以为你实现，你是我的宠儿。但是你记住，你只能说一个。"

"可是，"他不甘心地说，"我有许多的心愿啊。"

上帝缓缓地摇头："这世间的美好实在太多，但生命有限，没有人可以拥有全部，有选择就有放弃。来吧，慎重地选择，永不后悔。"

他惊讶地问："我会后悔吗？"

上帝说："说不清。选择爱情就要忍受情感的煎熬，选择智慧就意味着痛苦和寂寞，选择钱财就有钱财带来的麻烦。这世上有太多的人走了一条路之后，懊悔自己其实该走另一条道路。仔细想一想，你这一生真正要什么？"

他想了又想，所有的渴望都纷至沓来，在他周围飞舞。每件他都不想舍弃，最后，他对上帝说："让我想想，让我再想想。"

上帝说："但是要快一点啊，我的孩子。"

从此，他的生活就是不断地比较和权衡。他用生命中一半的时间来列表，用另一半的时间来撕毁这张表，因为他总发现他有所遗漏。

一天又一天，一年又一年。他不再年轻，他老了，他越来越老了。上帝又来到他面前："我的孩子，你还没有决定你的心愿吗？可是你的生命只剩下5分钟了。"

"什么？"他惊讶地叫道，"这么多年来，我没有享受过爱情的快乐，没有积累过财富，没有得到过智慧，我想要的一切都没有得到。上帝啊，你怎么能在这个时候带走我的生命呢？"

5分钟后，无论他怎么求情，上帝还是满脸无奈地带走了他。

人生充满了选择，要学会取舍。因为人的生命和时间是有限的，如果你一直犹豫不决，就不能赶上时间不断向前的车轮，也无法实现自己美好的愿望。

有一个国家打了胜仗，国王大摆筵席庆功行赏。

国王对王子说："孩子，我们胜利了，可惜你没有立功。"

王子遗憾地说："父王，你没有让我到前线去，叫我如何立功呢？"

有一位大臣连忙安慰王子："王子，你才18岁，以后立功的机会还多着呢。"

王子对国王说："请问父王，我还能再有一次18岁吗？"

国王很高兴地说："很好，孩子，就以这句话，你已经立了大功了。"

光阴一去不复返，努力应该要趁早。俗话说："少壮不努力，老大

徒伤悲。"如果不趁年轻时努力，等到年纪大了，为一日三餐拼命的同时还要时时悔恨，不是很悲哀吗？

第五节　唯有自由的灵魂可以永葆青春

别让皱纹刻在心上

青春不在于美丽的容颜，而在于心态。心态一旦老去，便再也找不回青春的痕迹。

　　一天夜里，一场雷电引发的山火烧毁了美丽的伊甸庄园，这座庄园的主人欧尼一筹莫展。面对如此大的打击，他痛苦难耐，每天闭门不出，茶饭不思，夜不能寐。他这种状态持续了一个多月的时间，年已古稀的祖母见他依然陷在悲痛之中无法自拔，就意味深长地对他说："我的孩子，其实庄园成了废墟并不可怕，最可怕的是，你的眼睛已经失去了光泽，它们在一天一天地老去。而一双已经老去的眼睛，怎么会看得到希望呢？"听了祖母的话，欧尼决定出去转转。于是他一个人走出庄园，开始漫无目的地闲逛。在一条街道的拐弯处，他发现一家店铺门前人头攒动。

　　走近一看，原来是一些家庭主妇正在排队购买木炭。一块块躺在纸箱里的木炭突然让欧尼的眼睛一亮，他觉得他看到了一线希望，于是便兴冲冲地跑回家去。

　　在接下来的两个星期里，欧尼雇了几名烧炭工，他们将庄园里烧焦的树木加工成优质的木炭，然后送到集市上的木炭经销店里。

没过多长时间，木炭就被抢购一空了，欧尼也因此得到了一笔不菲的收入。然后他又用这笔收入购买了一大批新树苗，于是，一个新的庄园又初现规模了。

几年以后，伊甸庄园再度绿意盎然。

人生的道路虽然艰难，但是其实没有什么可以真正挡得住你前进的脚步，把眼睛擦亮吧，那样你将会看到生活的希望，你会明白一切还皆有可能。最困难的时候，也是我们离成功不远的时候。我们的脸上可以爬满皱纹，但是心上却不能长出皱纹。永远不要让心智老去，你总有看到成功的一天。

詹姆士·A·加菲尔德说："如果皱纹要刻在眉上，那就不要让皱纹刻在心上。精神不应该变老。"

学习保尔精神，让青春永驻

"一个人的一生应该是这样度过的：当他回首往事的时候，他不会因为虚度年华而悔恨，也不会因为碌碌无为而羞耻；这样，在临死的时候，他就能够说：'我的整个生命和全部精力，都已经献给世界上最壮丽的事业—为人类的解放而斗争。'"这句话是小说《钢铁是怎样炼成的》的灵魂所在，人们在总结保尔精神时，也往往这一句话来总体概括。

的确，保尔精神的精华之处就是启示人们不要虚度年华，人的生命是十分短暂的，应当认真地去学习，认真地生活，将有限的生命投入到无限的工作和事业中，生命才有意义。保尔精神不知影响了几代人，有许许多多人至今仍以保尔精神作为人生的精神支柱。

保尔的坚强意志和崇高的精神鼓舞了一代又一代为人类的进

步事业而奋斗的人。保尔不是完人，也不是天生的英雄，他在斗争、劳动、友谊、爱情和生活中逐渐形成了倔强的性格和坚韧的毅力，对生活积极乐观的态度，激励着无数陷入困境的人们，使他们重新扬起生活的风帆，他对共产主义事业坚定不移的信念，更给我们无穷的工作动力。

21世纪的今天，保尔精神有没有过时？在新的时期还有没有意义？作为新时期跨越两个世纪的一代年轻人，机遇与挑战并存。保尔精神发生在八十多年前的乌克兰，虽然有着地域和时间的差异，思想也不同，但几十年来，保尔精神却一直在影响着我们。山东大学的刘志刚，深患癌症，并已到晚期，仍然在放疗、化疗的同时，坚持学习科学文化知识，始终满怀对生活的希望节约出本不多的生活费来资助一位农村的小学生。这不正是身残志坚、不屈不挠的保尔精神吗？我们青年一代不正需要保尔精神来武装自己吗？如何确定自己的人生观和世界观，以什么样的态度实现理想，保尔精神告诉人们该如何生活，因为"人最宝贵的东西是生命，生命属于人只有一次"。所以我们要抓紧每一分钟，去过最充实的日子。保尔精神为青年一代走向成功提供了精神支持。

事实和历史证明了保尔精神依然永葆青春，依然有强大的生命力和时代推动力，使我们更加积极地学习，努力地工作，为国家和社会做出应有的贡献。

第六节　青春的字典里没有失败的字眼

年轻没有失败

正当青春的人不应当害怕失败，只要下定决心，一切都可以重新来过，因为青春就是重塑自我的绝对资本。青春正在路上，我们要用欢快、激昂的声音在青春的路上唱起催人奋进的歌谣；用拼搏、努力的劲头在青春的路上书写胜利的篇章！

年轻没有失败，年轻人不要遇到挫折就灰心，就像人离不开自己的影子一样，成功总是甩不开失败，尽管我们千方百计地摆脱，然而失败依然困扰着我们中的每一个人，但是，对一群朝气蓬勃的年轻人来说，失败只是迟到的成功，年轻人要时时刻刻保持一种积极向上的心态。失败了，重新来；失去了，再争取；错过了，要分析；下次来，要把握；幼稚了，下次成熟点。不要紧，会好的。哪怕到了极点，永远不要轻言放弃。相信一定会挺过去。学习很累，累完了，很舒服。不要消极，你们的后面总有一个巨人在支撑着你们，这个人的名字叫年轻。

当今社会，各种压力几乎与生俱来，面对这样的现状，你不妨抽一点时间，静静地闭上眼睛，仰起脸，感受天空洒下的阳光，让它渗透你的每一寸肌肤，你会发现有一股炽热的血液在你体中沸腾，有一种似火的激情在痛痛快快地燃烧，有一种如阳光般的暖流在把你的心灵抚慰，而这就是你所拥有的绚丽的青春啊！她轻轻而又响亮地告诉你，年轻没有失败！

当你还年轻的时候，不要惧怕失败，失败对年轻人来说只是成功与成功之间的过渡，长途跋涉之后，艰苦攀登精疲力竭之时，成功就在前面向你招手。年轻人就是东方那轮火红的朝阳，终将穿云破雾，喷薄升起，发出万丈光芒。

杨澜说："年轻最大的资本就是经得起失败，也敢于去面对一切的困难。"古人云："天行健，君子当自强不息""为者常成，行者常至"。坚定的意志力是成功解决问题的重要前提，也是组织成员创新能力的重要基础和基本品格。面对那些复杂、紧急和新出现的问题，特别是困难重重的问题，如果缺乏战胜困难的斗志和毅力，那么就必然丧失战斗力，只会在困难面前畏缩不前。越是困难重重，越是要求我们坚定信念，并按照重点突破、循序渐进的思路以超然的意志力迎着困难上。面对困难有战胜困难的勇气；面对问题有解决问题的决心；面对挑战有迎接挑战的气概，要永不自满、永不止步。

青春路上，跌倒几次都要爬起来

英国前首相丘吉尔在演讲的时候，告诉大家成功的秘诀，他只用了三句话：第一句是"绝不放弃"；第二句是"绝不绝不放弃"了；第三句是"绝不绝不绝不放弃"。

30岁以前，在面对"失去"这个词的时候，我们经常会和"被抛弃"联系在一起。比如：失恋了那一定是一方抛弃了另一方；失业了，可能是被单位开除而惨遭抛弃；甚至于失学了，我们还会归咎于被社会所抛弃。

正在因为我们从不敢认真地面对、剖析自己犯下的错误，才会造成这样的误读。

要知道，只要抓在自己手里的，曾经拥有的，如果不是你放弃，便不会失去。不论对于爱情、金钱、事业、友谊都是如此。

不管跌倒多少次，只要爬起来，继续前行，你就会取得成功。若放弃，那便将永远失去成功的机会。

医学专家曾经警告人们，精神的堕落比绝症更可怕，他们说："毒瘤可用手术切除，而恶劣的情绪却不能。"我们只能依靠自己的意志去纠正心理偏颇。

没有一条成功的道路是平坦的，在青春年华奋斗的过程中，因为我们缺少经验、缺少人脉、缺少资金，会遭遇各种各样的困难，我们不仅经常受到外界的压力，还会遭受自身的挑战，而自身最大的挑战便是"放弃"。

人生的路上难免会有磕磕碰碰，但是不要放弃，摔倒了再爬起来，同时思考为什么会摔倒，怎么爬起来，以后如何避免摔倒，从而领悟到人生的真谛。

中华民族语言中有许多励人坚持之说，如：愚公移山、精卫填海、水滴石穿、燧石取火、铁杵磨针等。坚持的过程就是一种精神的铸造过程，通过坚持、坚持、再坚持，精神之气得以涵养，精神之力得以增强，精神之魂得以凝聚。纵看历史，横看今朝，每一个获得成功，走至人生顶峰的人，靠的都是自年轻的时候起一以贯之的坚持，因为年轻人最大的资本就是经得起失败，哪里跌倒了，哪里爬起来继续摸索前行，直至取得最后的成功。正所谓："锲而舍之，朽木不折；锲而不舍，金石可镂。"

因为青春，我们不言败，青春的我们正朝气蓬勃，面带微笑，志当高远。我们胸怀大志，立志四方，折一张纸，叠成纸船，尽管去乘风破浪，勇退急流，在惊涛骇浪中驾驭它冲向胜利的港湾。因为青春，我们不言败，青春的我们正满怀希望，点燃激情，勇攀高峰。也许会遇到陡峭的悬崖，也许会因一时的冲动犯错，但其中亦有"初生牛犊不怕虎"的信心。青春的我们懂得将希望的种子悄悄植于心间，只顾奋力耕耘，终获那春华秋实的丰盈和喜悦。

因为青春，我们不言败，青春的我们正在风雨中奔跑，释放我们年轻特有的力量。是谁总爱让理想在逆境中坚持？是谁执着于那风雨之后的彩虹？是谁跌倒后看见目标就忘了疼？其实，青春就是将失败化为动力，将失意谱写成坦然，将脆弱锻炼成坚强，将浮躁磨炼成稳重。青春注定是要摸爬滚打，不在荆棘中埋没，就在荆棘中开创。

第七节　青春承载不了太多的悔恨

悔恨就像一剂毒药

在人的一生中，懊悔就像一剂慢性毒药，在无休无止中磨灭一个人的意志，在不知不觉中降低你成功的概率，消耗你的快乐。懊悔又像一些蛰伏在我们生命长堤上看似渺小的蚁群，总有一天，我们的堤岸会溃于这些蚁群造成的薄弱点。

在华盛顿有一位心理医生从业很多年，成就卓著，在他即将退休时，写了一本医治各种心理疾病的专著。这本书足有1000页，书中有各种心理病情的描述及其治疗方法。

一次，这位心理医生应邀到一所大学讲学，在课堂上，他拿出了这本厚厚的著作，说："这本书有1000页，里面有治疗方法3000种，药物1000类，但所有的内容，只有4个字。"

学生们非常惊愕地看着他，这时，他转身在黑板上写下了"如果，下次。""造成人类精神折磨的莫不是'如果'这两个字，'如果我当年不错过她''如果我考上了大学''如果我当年能换一项工作'"。这位医生接着强调，"医治这种疾病的方法有上千种，但最终的办法只有一种，那就是把'如果'改为'下次'，'下次我不会错过我爱的人'、'下次我有机会再去进修'。"

人生箴言

遗憾的事一再发生，但过后再追悔"早知今日，何必当初"是没有用的，"那时候"已经过去，你追念的人也已走出了你的人生。

实际上，有些人是非常可悲的，在年轻的时候，有精力去消遣，去享受大自然的恩赐，却没有金钱、没有时间，只得拼命地劳作；等到有了金钱、有了时间，却没了青春。这样的人生既对不起自己，也对不起亲人，因为亲人最需要的是你的陪伴，是和你一起享受生活的乐趣。

人们年轻时为之努力的，或许是年老时所不需要的。而一个人倘若抱有百折不挠的事业心，坚持健身，尽自己的可能积德行善，对家人倾注满腔热情，在老去时，仍能够对自己说：这辈子没白活。至于其他，就一点都不重要了。正如有一句瑞典格言所说："我们老得太快，却聪明得太迟。"

造成我们心理障碍的，影响我们幸福观念的，有时候，并不是物质上的富裕或贫乏，而是我们心境的改变。如果把心灵浸泡在后悔和遗憾的水中，痛苦就必然占据我们的整个心灵。因此，我们无论如何都别让自己徒留"为时已晚"的念头。

人生是一连串不停地奔波，我们免不了跌倒或无端的迷失。当我们孤独无助，当我们不由自主地尴尬，或者当我们碰壁的时候，悔恨，只是一种无可奈何的发泄，而且更是苍白无力的。不如试试向前看，你的人生将永不停止。

我们要学会宽恕自己，宽恕是指宽大为怀，尽释前嫌。由同情到宽恕，你已拥有一个开放的心灵，并开始有意识地、逐步地释放自己的不平与愤怒。假如你认为过去的行为都是错误的，势必会让你自责与内疚，而当你忙着自责和内疚的时候，你根本无暇顾及从错误中汲取任何有益的东西。

当你做了某件违背自己的道德观和价值观的事情时，你的为人准则和你的实际行动之间就出现了一道裂缝。此时，你需要努力去原谅自己的过失，以便修复这道裂缝，重新找回真正的自我。这并不意味着你可以很随意地原谅自己一错再错、不知悔恨，而是说一味地沉溺于悔恨、自责是一种不健康的心态，而且过分地自我惩罚只会使你越发远离自己的道德标准。

失败是宝贵的经验，是特殊的老师，是正确的先导，这早已成为人们的共识。错误的结果，并不都是恶果或废物，有些错误的结果，是可以妙用的宝贝。所以，面对错误，我们大可不必怨天尤人，而是要从中汲取有利的资源，善于化错误为成功，而不要在懊悔的泪水中虚度了人生的美好时光。

避免悔恨的最佳方法就是：活在当下。实际上，人的一生中有很多这样的时候，总觉得有些东西是自己的，拥有的时候不太在意，但如果失去后则后悔莫及。"退休后，我们就要好好享受一下""明天我就开始运动""下星期我们就找时间出去走走""明天我就会对他好一点"……这些话是多数人的口头禅。实际上有许多事，在你还不懂得珍惜之前已成旧事；有很多人，在你还来不及用心之前已成故人。我们常常牺牲现在的美好时光，去换取未知的等待；牺牲今生今世的辛苦钱，去购买来世的安逸。

很多人认为必须等到某时或某事完成之后再采取行动，但是，环境总是不可预知的，在现实生活中，生活总是处于变化之中的，各种突发状况总是层出不穷。每个人的生命都有尽头，很多人经常在生命即将结束时，才发现自己还有太多的事情没有做，有太多的话还没有说，这实在是人生的一大遗憾。

威廉·波里索说过："生命中最重要的不是要将自己的收入算做资本，任何傻子都会这样做，真正重要的是要从你的损失里去获利。这需要有聪明才智才能做到，而这也正是智者和蠢材之间的区别。"

拥抱无悔的青春

人生难能可贵的是，在经历了是是非非、风风雨雨之后，仍能保持一颗真诚、明亮的心。那些努力过、失去过，但仍然能够重新来过，并

且心怀感恩的人，才是真正懂得快乐的人。

　　我国著名的生物学家童第周在读书的时候就特别珍视时间。正是因为他总是利用一切可以利用的时间去刻苦学习，所以他走上了后来的成功之路。

　　童第周自小就爱学习，但因为家里贫困，没钱读书。他的大部分时间都在帮家里种地，只是在农闲的时候才跟父亲认了一些字。17 岁的时候，他好不容易考进了宁波师范学校的预科班，对于这次来之不易的学习机会，童第周特别珍惜。可是，学校里所学的数学、物理、化学和英语，童第周在以前根本没有接触过，学习起来特别吃力。童第周知道自己基础差，所以学习十分刻苦。

　　由于从小就吃得不好，营养不良，童第周的个头和其他同学比起来要矮，又因为穿着也比较土气，所以学校里有些学生不肯搭理这个来自穷山村的孩子。一次，童第周刚出教室，就听见有几个同学在议论自己，其中一个人很不屑地说："我敢说，童第周在这儿不出三个月，就得回家去种地！"这句话像钢针一样，刺痛了童第周的心。于是，童第周更加用功学习了。

　　学校规定，每天晚上九点半必须熄灯。为了抓紧时间学习，童第周总是等其他同学刚睡下之后，就拿起书本和笔记，悄悄地溜到路灯下，温习当天所学的功课。这使他学习的时间比别人多多了，有了充裕的学习时间，他的学习成绩突飞猛进。在第二学期的考试成绩出来的时候，他的平均分数超过了 70 分，而且几何还得了满分。

　　就是靠着这样不懈的努力，童第周取得了更加优异的成绩，被公费派往比利时留学，取得了累累硕果，在生物学领域成为世界著名的专家。

　　或许机缘有时不巧，你被落在了后面，但是不要怕，只要珍惜现在，就来得及。童第周的条件可谓不利，然而他却取得了那样杰出的成就，

最根本的原因在于他是个非常勤奋的人，抓住了可以利用的时间，即使暂时被别人甩在了后面也能赶上来，度过了无悔的青春。

可能你有过这样的念头：我应该好好学习一下画画了，可是别人都学了那么久……我需要把外语成绩提高上来了，但是一学期已经过去那么多……不怕迟，只怕不勤，抓住现在，就算你错过了一些东西，也总会找回来的，不要让自己的青春充满后悔。

第 4 章

财富的箴言

富兰克林曾经说过："贫穷的本身不可怕，可怕的是自认为命定贫穷，或必须老死于贫穷的心念。"一生中不论经过多少贫困、多少痛苦、多少失败，只要最终取得成功，这一切又算得了什么呢？贫困是痛苦而辛酸的，但能够变成推动你向前的催化剂，能够转化成为前进必需的强大能量。

第一节　不做金钱的奴隶

金钱并非万能

1936 年，美国好莱坞影星利奥·罗斯顿在英国一次演出时，因患心肌衰竭被送进了伦敦一家著名的医院—汤普森急救中心，因为他的疾病起因于肥胖，当时他体重 385 磅，尽管抢救他的医生使用了当时医院最先进的药物和医疗器械，但最终还是没有能够挽留住他的生命。他在临终时不断自言自语，一遍遍重复道："你的身躯很庞大，但你的生命需要的仅仅是一颗心脏。"汤普森医院的院长为一颗艺术明星过早地陨落而感到非常伤心和惋惜，他决定将这句话刻在医院的大楼上，以此来警策后人。

1983 年，美国的石油大亨默尔在为生意奔波的途中，由于过度劳累，患了心肌衰竭，也住进了这家医院，一个月之后，他顺利地病愈出院了。出院后他立刻变卖了自己多年来辛苦经营的石油公司，住到了苏格兰的一栋乡下别墅里去了。1998 年，在汤普森医院百年庆典宴会上，有记者问前来参加庆典的默尔："当初你为什么要卖掉自己的公司？"默尔指着刻在大楼上的那句话说："是利奥·罗斯顿提醒了我。"

后来在默尔的传记里写有这样一句话："巨富和肥胖并没有什么两样，不过是获得了超过自己需要的东西罢了。"

的确，多余的脂肪会压迫人的心脏，多余的财富会拖累人的心灵。

人生箴言

因此，对于真正享受生活的人来说，任何不需要的东西都是多余的，他们不会让自己去背负这样一个沉重的包袱。人如果想活得健康一点儿、自在一点儿，任何多余的东西都必须舍弃。金钱对某些人来说，可能很重要，但对另一些人来说，一点也不重要。

不要做金钱的奴隶，金钱不是万能的，它不能买到世间的一切。

不要为金钱而丧失生活的乐趣

山田太郎是一个地道的农夫，他终日守在自己的土地上辛勤地耕耘着，日出而作，日落而息，虽然生活并不富裕，但是不愁温饱，日子倒也过得和美快乐。有一天晚上，他梦见自己得到了 10 锭马蹄金，他从笑声中醒来后，并没有把这个梦放在心上。

可意想不到的是，第二天，山田太郎在耕地的时候，竟然真的挖出了 5 锭金子，他的妻子和儿女们都兴奋不已。可他从此后却变得闷闷不乐，整天心事重重，家人问他为什么现在有钱了，反而不高兴了呢？山田太郎回答说："我整天都在绞尽脑汁地思考：另外 5 锭马蹄金到底在哪儿呢？"

庆幸得到了金子，却失去了生活的乐趣。"人为财死，鸟为食亡"，如果把钱财看得太重，结果往往是对自己无益的。最终金钱不但不是为自己服务，自己反而被金钱所奴役。

其实生活的心态是一柄双刃剑，我们通常把拥有财产的多少、外在形象的好坏看得过于重要，用金钱、精力和时间去换取一种令外界羡慕的优越生活和无懈可击的外表，自己却丝毫没有察觉自己的内心在一天天地枯萎。

任何时候我们都不能远离生活中的真善美，不能被金钱所奴役，必须保持一颗不被铜臭所玷污的心，这样才能永远与快乐同行。否则，对金钱和财富的欲望会让我们坠入痛苦的深渊。

金钱不应该是罪恶的根源，但如果金钱让人白天吃不香，夜里睡不着，那它就会成为戕害你的刽子手。对许多人来说，金钱不管拥有多少，总觉得还是不够，这就是过于贪婪了。幸福和快乐原本是精神的产物，期待通过增加物质财富而获得它们，岂不是缘木求鱼？

当我们为了拥有一辆漂亮小汽车、一幢豪华别墅而加班加点地拼命工作，每天半夜三更才拖着疲惫的身体回到家里；为了涨一次工资，不得不默默忍受上司苛刻的指责，日复一日地赔尽笑脸；为了签更多的合同，年复一年日复一日地戴上面具，强颜欢笑……以至于最后回到家里的是一个孤独苍白的自己，长此以往，终将不胜负荷。最后悲怆地倒在医院病床上的，一定是一个百病缠身的自己。此时此刻，我们应该问问自己：金钱真的那么重要吗？有些人的钱只有两种用途：壮年时用来买饭吃，暮年时用来买药吃。

人生苦短，不要总是把自己当成赚钱的机器。一生为赚钱而活着是非常悲哀的，学会把钱财看得淡些，不要一味地去追求享受。

要做金钱的主人，不要做金钱的奴隶，最有效的办法是用自己的双手创造财富的同时，不妨多一点休闲的念头，不要忘了自己的业余爱好，不妨每天花点时间与家人一起去看场电影、去散散步、去郊游一次……

如果这样，生活将会变得丰富多彩，富有情趣；心灵会变得轻松惬意，自由舒畅；生命会变得活力无限。

总之，我们应该把自己放在生活主人的位置上，让自己成为一个真正的、完善的人。只有一个懂得生活情趣的人，才能让幸福快乐长久地洋溢在心间。

第二节　虚荣是奢靡的双生姐妹

虚荣心让人迷失自我

虚荣心理就像一只默默地啃噬自己内心的小虫，悄无声息但却让人格外痛苦难熬。而这些贪慕虚荣的人，也必然会为自己的行为付出一些代价。就好像下面这个寓言故事中的山鸡那样，最终，为自己的虚荣心付出了生命的惨重代价。

山鸡天生美丽，浑身都披着五颜六色的羽毛，在阳光的照耀下熠熠生辉、鲜艳夺目，叫人赞叹不已。山鸡也很为这身华羽而自豪，非常爱惜自己的美丽。它在山间散步的时候，只要来到水边，瞧见水中自己的影子，它就会翩翩起舞，一边跳舞一边骄傲地欣赏水中倒映出的自己那绝世无双的舞姿。

一位臣子将一只山鸡送给了君主，君主非常高兴，召唤有名的乐师吹起动人的曲子，而山鸡却充耳不闻，既不唱也不跳。君主命人拿来美味的食物放在山鸡面前，山鸡连看都不看，无精打采地耷拉着脑袋走来走去。就这样，任凭大家想尽了办法，使尽了手段，始终都没办法逗得山鸡起舞。

这时，一名聪明的臣子叫人搬来一面大镜子放在山鸡面前，山鸡慢悠悠地踱到镜子跟前，一眼看到了自己无与伦比的丽影，比在水中看到的还要清晰得多。它先是拍打着翅膀冲着镜子里的自己激动地鸣叫了半天，然后就扭动身体，舒展步伐，翩翩起舞了。

山鸡迷人的舞姿让君主看得呆了，连连击掌，赞叹不已，以至于忘了叫人把镜子抬走。可怜的山鸡，对影自赏，不知疲倦，无休无止地在镜子前拼命地又唱又跳。最后，它终于耗尽了最后一点力气，倒在地上死去了。

虚荣心会使一个人失去心灵的自由，常常使人觉得没有安全感，不满足，与其在虚荣心的驱使下追求鹤立鸡群、脱颖而出的满足，不如回归本我，于宁静的心灵世界中寻求知足的幸福。

从近处看，虚荣仿佛是一种聪明；从长远看，虚荣实际是一种愚蠢。虚荣者常有小狡黠，却缺乏大智慧。虚荣的人不一定少机敏，却一定缺远见。

就好像上面故事中的那只山鸡，为了赢得他人的掌声，便付出生命的代价实在是不值得。通过炫耀，来满足自己的虚荣心，这样的做法实在不妥。

千万要克制自己的虚荣心，不要让它像小虫一样，啃噬着自己的内心营养，最后越长越大，难以控制。

生活中"讲面子"让许多人变得虚荣，虚荣是一种可以理解的心理，虚荣是人的本性，每个人都暗暗为自己的优点得意，并希望别人注意和赞美自己的优点。

人人都爱面子，尤其是青少年，他们在人生的成长初期阶段，有着十分敏感的神经，适度的爱面子不但不会对他们造成损害，反而还会催促他们上进。例如他们会为了有面子，而发奋学习，拿出好成绩让自己在亲朋好友面前受到夸赞，可是有的青少年却会因为羡慕别人的玩具、名贵服装而也去为自己添置这些不需要的东西，给自己增添不必要的负担，那么，过度地追求面子就衍变成一种虚荣心，青少年应该学会摒弃这种虚荣心。

为虚荣付出的代价

在莫泊桑的短篇小说《项链》里，玛蒂尔德是个贪慕虚荣的人，她羡慕上层社会的生活，为了参加一次机会难得的舞会，她向一位有钱的朋友借了一串钻石项链，以此满足其虚荣心理。结果当她因为虚荣心理匆忙离开舞会时，却搞丢了项链。为了偿还赔偿项链所借贷的高额费用，她艰辛了十年。而十年后，她早已失去了青春的风韵，然而却偶然得知，她朋友当年借她的，不过是一条玻璃造的假的钻石项链。

虚荣让她付出了十年的代价，这看上去是多么可悲。但如今，因为虚荣，把握不住正确的方向，从而误入歧途的也大有人在。

虚荣奢靡可以亡国

要说奢侈消费，在宋朝首屈一指的得数宋徽宗。

为了让日子过得舒服，宋徽宗特别舍得花钱，甚至专门成立了国家机构，一个叫苏杭造作局，另一个叫苏杭应奉局，造作局归太监童贯管理，应奉局归"六贼"之一朱勔统率，这俩局是徽宗奢侈消费的主要代办机构。

苏杭应奉局负责搜罗东南各地奇花异石、名木佳果，就是人所共知的花石纲，凑足一拨便通过大船往京城运输，那场面相当浩大，号称"舳舻相衔于淮、汴"，比春秋齐国大街上摩肩接踵的场面壮观好几万倍。

所谓上有所好，下必甚焉。诸位王公大臣都不是省油的灯，起初在家里奢侈一把，还偷偷摸摸，玩些雾里看花的把戏，后来在皇帝的"模范"效应下，一个个干脆堂而皇之，将本来令人咋舌的奢侈消费变成了顺理成章。拿担任过宰相的王黼来说，据《三朝北盟会编》记载，王大人家里"堂阁张设，宝玩山石，侔似宫禁"，无论是房屋还是园林，都堪比皇宫内院。宋徽宗听说之后都赶来参观，转了一圈之后连连感叹："此不快活耶！"

宋徽宗作为亡国之君恶名远扬，但追求豪宅并非他自己的专利，在他的带领之下，连老百姓出门都"必衣重锦"，为亡国埋下了伏笔。

虚荣心是一种常见的心态。在心理学上，虚荣心被认为是自尊心的过分表现，是为了取得荣誉和引起普遍注意而表现出来的一种不正常的社会情感。虚荣心很强的人往往是华而不实的浮躁之人。这种人在物质上讲排场、搞攀比；在社交上好出风头；在人格上很自负、嫉妒心重。

虚荣心最大的后遗症之一是促使一个人失去免于恐惧、免于匮乏的自由；因为害怕羞辱，所以不定时地活在恐惧中，经常没有安全感、不满足；而虚荣心强的人，与其说是为了脱颖而出、鹤立鸡群，不如说是自以为出类拔萃，所以不惜玩弄欺骗、诡诈的手段，使虚荣心得到最大的满足。

虚荣心强的人，心灵总会是痛苦的，完全不会有幸福可言。为了虚荣舍弃幸福，这岂不是很愚蠢！所以，一个聪明的人就要学会克服自己的虚荣心理。

要认识虚荣心的危害。要克服个人主义的私心，还有就是培养脚踏实地、实事求是的思想作风。过于虚荣的人往往缺乏脚踏实地的思想作风和工作作风、情绪不稳，能满足虚荣心时就有很高的热情，一旦虚荣心得不到满足，情绪就会一落千丈。因此，要克服虚荣心，还要从实际出发，踏实工作，培养锻炼自己的真才实学和良好的心理品质。

第三节　快乐与金钱的多少无关

不拿快乐与金钱做交易

"天下熙熙，皆为利来，天下攘攘，皆为利往。"每个人都在追求财富的道路上摸滚打爬，但这个世界又很奇怪，往往是有钱的人不快乐，没钱的人却过得开心，此便所谓"有所失必有所得"。

如今的社会，钱固然可以换取许多享受的东西，可不一定能获取真正的开心。因为开心是内在的心理感受，而金钱只能够买到身外之物。

一个大富翁，他的家里有良田万顷，身边妻妾成群，可是日子过得并不开心。挨着他家高墙的外面，住着一户穷铁匠，夫妻俩整天有说有笑，日子过得很开心。一天，富翁小老婆听见隔壁夫妻俩唱歌，便对富翁说："我们虽然有万贯家产，还不如穷铁匠开心！"富翁想了想笑着说："我能叫他们明天唱不出声来！"于是拿了两根金条，从墙头上扔过去。

打铁的夫妻俩第二天打扫院子时发现不明不白的两根金条，心里又高兴又紧张，为了这两根金条，他们连铁匠炉子上的活也丢下不干了。男的说："咱们用金条置些好田地。"女的说："不行！金条让人发现，会怀疑我们是偷来的。"男的说："你先把金条藏在炕洞里。"女的摇头说："藏在炕洞里会叫贼娃子偷去。"他俩商量来，讨论去，谁也想不出好办法。从此，夫妻俩吃饭不香，觉也睡不安稳，以往的快乐再也没有了。

穷人看到有钱的人大富大贵，以为他们很幸福，但是有钱人心里不一定痛快。有的人，别人看他离幸福很远，他自己却时时与快乐为伴。我们虽然无法改变自己的境况，但我们可以改变自己的心态。没了工作不要紧，但不能没有快乐，如果连快乐都失去了，那活着还有什么意义。快乐是人的天性的追求，开心是生命中最顽强、最执着的旋律。

物质世界和精神世界其实是相辅相成的，只要开开心心，生活的趣味就会更浓厚，更有意义，恐惧和压抑感就会自然在内心深处消失。坦坦荡荡地做人，开开心心地生活，才会让你感到生活和自己的可爱。

金钱是一个魔咒，你可以为之疯狂，为之沉醉，但绝不可以拿快乐作为与之交易的代价。

放下是一种快乐

有一个富翁背着许多金银财宝，到远处去寻找快乐。可是走过了千山万水，也未能寻找到快乐，于是他沮丧地坐在山道旁。一个农夫背着一大捆柴草从山上走下来，富翁说："我是个令人羡慕的富翁。请问，为何没有快乐呢？"

农夫放下沉甸甸的柴草，舒心地揩着汗水："快乐也很简单，放下就是快乐呀！"富翁顿时开悟：自己背负那么重的珠宝，老怕别人抢，总怕别人暗害，整日忧心忡忡，快乐从何而来？于是富翁将珠宝、钱财接济穷人，专做善事。

富翁自从这样做之后，他的心灵得到了滋润，也尝到了快乐的味道。我们青少年是否也能像故事里的农夫一样，不羡慕富翁的富裕生活，明白放下的快乐呢？

一个因为贫穷和无助而企图自杀的青年在森林中徘徊。

这时，他惊奇地看到：在三月的风中，一名跛足的歌手自远方而来，弹着古朴斑驳的竖琴。他的脸上洋溢着快乐而幸福的神情。整片森林因他的放歌而充满生机。

那青年终于明白了：原来一个人自身的贫寒并不妨碍他对于世界的贡献，不妨碍他过得快乐。

时下，人们成天被名缰利锁缠身，何有快乐？成天陷入你争我夺的境地，快乐从何而言？成天心事重重，阴霾不开，快乐又在哪里？成天小肚鸡肠，心胸如豆，无法开豁，快乐又何处去寻？事事都看得开、放得下，才会心无挂念，轻松快乐。

第四节　贫穷是富有之母

人若是曾被贫穷折磨，对财富的欲望和追求的毅力会比别人强，构想才会不断涌出，并有超群的行动力。

你是应该得到"富裕"的，那是你的天赋权利！心中不断地想要得到某一个东西，同时孜孜不倦地奋斗着去求得某一个东西，最终我们总能如愿以偿—世间有千万个百万富翁，就因为明白这层道理，而挣脱了贫穷的生活——逆境、危机感、一贫如洗等，会成为招来财富的最大引爆剂和原动力。

假使你现在很贫穷，不要悲叹自己的生涯，不只如此，还应该保持喜悦之心才对。

以贫困为原动力

《朝日新闻》的记者问卡西欧计算机社长杜尾忠雄先生："获得成功的秘诀是什么？"

杜尾忠雄回答说："当然是贫穷。"

他如此述说："我切身体会到，贫穷是父母亲所留下来的最大财富。因为贫穷，使人想到要奋发图强，从身无分文、白手起家创立事业，最终目的就是要赶快从贫穷中脱离嘛！我以前最常想的就是，要过像样的生活，要吃像样的食物……"

卡西欧社长是基于贫困的原动力，才创设公司，使该公司成为东京证券交易所第一个上市的公司，取得了相当了不起的成就。

确实，贫穷是成为富翁的重要原因之一，可以说贫穷为富有之母。贫穷没有美德可言，它和疾病一样，需要治愈。

疾病、挫折、贫困等逆境，能锻炼一个人的意志，培养一个人的韧性，同时点燃一个人发奋图强的斗志。

调查一下取得巨大成就的人们的过去，就会发现他们都曾经品尝过令一般人感到绝望的贫穷的痛苦，同时他们又是在这个时候掌握了取得成功必备的能力。因此，即使痛苦，也要以逆境思维向前看，努力前进。成功或收获的过程越难、越艰苦，达到成功或收获时的激动才会越强烈。如果想品尝"天生我材必有用""这辈子总算是没白活一场"这样一种最深最强烈的激情，在此之前必然要经历一段艰苦卓绝的岁月。

一生中不论经过多少贫困、多少痛苦、多少失败，只要最终取得成功，这一切又算得了什么呢？贫困是痛苦而辛酸的，但能够变成推动你向前的催化剂，能够转化成为前进必需的强大能量。

富兰克林曾经说过："贫穷的本身不可怕，可怕的是自认为命定贫穷，或必须老死于贫穷的心念。"的确，人穷并不可怕，最怕的就是因为贫穷而失去了自我，失去了奋斗的勇气，自甘堕落，那就只能一辈子都是贫穷的命了。

假使你觉得自己的前途无望，觉得周围的一切都很黑暗惨淡，那么你应该立刻转过身来，朝向另一面，朝向那希望与期待的阳光，而将黑暗的阴影遗弃掉。把贫穷、疑惧的思想，从你的心中驱走，挂上光明的、

人生箴言

愉快的图画。

人若是曾被贫穷折磨，对财富的欲望和追求毅力会比别人强，构想才会不断地涌出，并具有超群的行动力。

贫困是成才的催化剂

日本歌手千昌夫，如今也是一位在夏威夷毛伊岛有幢豪华饭店的实业家。他在兄弟三人之中排行老二，小学三年级时父亲病故，全家人以母亲的积蓄勉强维持生计。但因为实在太穷无法支付电费，家里常常被停电。没办法，全家人只好靠蜡烛照明。即使是现在，他每当看到蜡烛，眼前就浮现当年贫困生活的情景，历历在目。所以，据说他甚至讨厌看到餐桌上的蜡烛。

千昌夫初中毕业升入高中，心里仍旧充满着贫困艰辛的感觉。这种感觉，促使他产生渴望获得成功的雄心。高中二年级春假的一天，他独自一人乘夜间列车离家出走，以做歌手为目标直奔东京。之后，他拜作曲家远藤实宅为师，历经磨难与痛苦，终于成为如今风靡全国乃至世界的歌手。

就像这样，逆境、危机感、一贫如洗等，会成为取得财富的最大引爆剂和原动力。

许多人总以为自己已尽最大的努力同贫穷斗争，实际上是他们并没有尽一切的可能去努力。就事而论，世间许多的贫穷，都是由懒惰所造成的，都是由奢侈浪费及不愿努力、不肯奋斗所造成的。

人类有几种坚强的品质，都是与贫穷、困境誓不两立、水火不容的。自恃与自立，是坚强品格的基石。我们常能发现，在那些虽则贫穷、虽则不幸，但仍然努力奋斗的人中间，这些品格都非常明显。但是一个因失掉了勇气、失掉了自信，或因懒得去努力奋斗而贫穷，却没有这种坚强的品格。同那些在不断去取得财富的努力中锻炼出大量高尚的精神、道德的人相比较，这种人只是弱者。

你坚定意志，要在世界上显出你的真面目，要一往无前地朝着成功、富裕之路迈进，而世界上没有一件东西，可以推翻你的这种决心时，你会发现，从这自尊心与自信心中，你可以获得无穷的力量。

最足以损害我们的能力，破坏我们前途的，莫过于与目前的不幸环境相妥协，以不幸的环境为理由，而不想去挣脱它。因为自己不能像富裕的人一样地生活，不能享受富裕的人所得的幸福，所以贫穷的人往往心灰意冷、不想奋斗。他们不想尽其可能的努力，走出困境，摆脱贫穷。

大部分贫穷者的毛病是他们没有建立可以脱离贫穷的自信。他们已经同贫穷妥协，以贫穷为他们应有的命运。

人们的生活是好还是坏，全因人的思维方式而定，这是一条不变的法则。你认为成功的可能性大，则大；你认为成功的可能性小，则小。千昌夫取得成功的原因之一，就是即使贫困时期他也依旧认为成功的可能性巨大无比。

生活的贫寒不应该成为弃绝于世的理由，对世间的绝望应该缘于最深层次也就是精神与思想上的绝望，其他任何事情严格说起来都不是弃世的理由。尝试改变或更换一个新的生活环境，或者换一个角度换一种眼光重新看待目前的困境，你会于绝境之中看到一片希望的天空。

第五节　贫穷是人生的第一桶金

贫穷是上进的动力

贫穷与困境，绝对能够刺激一个人最强烈的创业欲望。贫穷带给创业者最迫切的压力，这种压力其实就是创业者最原始的动力—生存。穷人的脊梁比一般人都硬些，具有不屈不挠与世抗争的精神。但很多时候穷人没有找到拼搏的方向。社会上的大富翁，出身背景常两极化，不是继承祖业的企业家第二代，就是从小贫困、白手起家的创业者，而后者的能力和累积财富的持久力大多优于前者。

纵观古今中外历史，你就会发现在许许多多的富人和有成就的人身上，到处都可以找到贫穷的影子，而他们的吃苦耐劳、坚忍不拔的品质，往往就是创业时期的"精神爆点"和凝聚力所在。虽然贫穷，但他们一定都有着创业赚钱的强烈欲望。对于那些出身贫寒、从艰难起步的创业者来说，贫穷是他们真正的"第一桶金"。

做家具生意的邹文龙在困窘中培养出创业赚钱的强烈欲望，经过奋斗拼搏而打出了一片天地，如今身家数以亿计。邹文龙来自北国春城长春，当初他要在一向瞧不起"外地佬"，尤其是瞧不起"北方佬"的上海打出一片天地，谈何容易。其中艰难困苦，唯其深知。谈及创业欲望，邹文龙说道，他的创业动力来自"三大差别"。

邹文龙说在读高二时就开始谈恋爱，后来高中毕业，女朋友考上了大学，他却落了榜。女朋友的父亲便不同意他们之间再有往来，对他说："你和我的女儿有三大差别：第一是城乡差别，我女儿是城市户口，而你来自贫穷的农村；第二是脑力劳动与体力劳动的差别，我女儿考上了大学，而你却不得不在一个小杂货店里出卖劳动力；第三是健康上的差别，你是因为身体不好影响到大学没考上，难以想象一个身体不好的人以后怎么靠体力活儿吃饭。存在着这三大差别，你怎么养得活我女儿？所以，你和我女儿谈恋爱，绝对不成！"

一场门不当户不对的恋爱就像一盆冷水一样浇醒了邹文龙。邹文龙自己也明白如今与女朋友之间的距离。这"三大差别"犹如三条鸿沟，要想不放弃自己的女朋友，那就只有一条路，就是消灭"三大差别"。而在这种情况下，只有创业，而且必须成功。

只要创业成功，这三条鸿沟自然就填平了。

这样，北方的小伙子邹文龙，为了爱情，为了踏平那些鸿沟，开始了他的创业之路，也开启了他人生的成功之门。这就是贫穷所激发的欲望的作用。

与之相似的例子有许多。贫穷不见得是件坏事，贫穷可以磨炼人的意志，使人既有骨气又有理想。穷则思变，贫穷是上进的最好动力。

贫穷激发生命的潜能

靳认认出生于河北省馆陶县一个十分贫穷的家庭，再加上父母极度重男轻女的思想，她刚出生不久就被送到外婆家寄养。馆陶县是全国有名的蛋鸡之乡，村上养鸡的人很多。为了挣钱贴补家用，不让妹妹和弟弟失学，10多岁的靳认认，每天清晨天不亮就从邻居家里赊来鸡蛋挑到10公里以外的县城去卖，早出晚归，一天能挣10块钱。冬天贩蔬菜，夏天卖冰棒。贫穷和苦难让靳认认过早地品尝了人世间的辛酸，但也磨砺了她坚韧的品格和自信。她在经历了许多苦难后，办起了养鸡场，从而改变了自己的命运，踏上了成功的道路。

有时候，人的生活会跟随不同的环境发生着变化。就像中国，过去由于深受"三座大山"的压迫，国家一贫二弱，人们的日子都过得很清苦，所以新中国成立后，在中国共产党的领导下，会充分发挥内在的潜能、智慧，使国家逐渐富强，人民生活都跟着发生变化。也就是说，贫穷能激励、推动社会发展，经济发达，所有的一切变得更美好。同样，对于一个穷人来说也是一样的，只有亲自尝过贫穷，了解过贫穷，才能用尽所有的力量使自己成为富人。贫穷可以算是一种苦难了，但是苦难不仅磨炼人而且滋养人，和富人之间的悬殊更是驱使一个有志之人前进的动力。因此贫穷能够激发生命的潜能，让人发挥出最高的潜能。

人生箴言

　　有一个孩子出生在富裕的家里，他每天都没有烦恼，而是衣来伸手，饭来张口。每天都可以无忧无虑地到处玩耍，所用的钱，都是父母给的，不用想些什么，成了很多人羡慕的天之"娇"子，但是这个故事的结局是悲惨的：当他的父母离去时，他什么都不会做，只能吃父母留下的。俗话说："坐吃山空。"到头来，沦为出卖祖业的穷光蛋。

　　相反，有一个孩子是出生在贫穷的家里，他什么都不可能依着自己的父母，年少时依着父母，但是没有父母时，他可以依靠自己，可以拥有别人得不到的东西，拥有属于自己的一片阳光，拥有自己的一片天空，他可以得到贫穷生活的历练，从而成为在生活中不依靠父母或别人的强者。

　　"穷人的孩子早当家"。贫穷可以使我们及早地独立，自信、坚强、乐观、豁达，这都是贫穷赐予我们的优秀品格，它能使我们赢得财富，过上富裕的生活！

　　贫穷是人生的第一桶金，同样也是激发一个人创业欲望的最好学校。很多人正是因为出生在贫穷的家庭，所以才懂得了很多东西，早早地学会了成熟。体会生活的艰辛，学会了交友（贫穷时交的朋友是你一生的好朋友），学会了面对生活，坚强地生存下去。因为穷怕了，也想发财，因为饿怕了，所以有着比一般人更强烈的赚钱欲望。生而贫穷并无过，死而贫穷才遗憾，穷不正是我们奋发向上、积极进取的动力吗？

第六节　精神的贫瘠乃是最大的贫穷

　　人类有一样东西，是不能选择的，那就是每个人的出身。社会的高度竞争一定会造成贫富不均，这是我们每个人所必须接受的。诚然，每个人的成功起点都是不同的，别人拥有良好的环境你却没有，别人拥有便利的资源而你却无法享用，你是否会因此而感叹命运的不公呢？

　　相对优良的环境来说，每个人都不希望自己的起点比其他人低。但是，有的时候贫困带来的也许不仅是坏事，它能激发人的奋进之心，磨炼人的成功意志，这是多么好的环境也换不来的。所以，如何看待出身贫寒，如何战胜出身贫寒，是直面挑战的必修一课。

　　高尔基曾说："贫困是一所最好的大学！"是的，生活中并不是每一次不幸都是灾难，早年的逆境通常是一种幸运。与困难做斗争不仅磨砺了我们的人生意志，也为日后更为激烈的竞争准备了丰富的经验。

　　可以说，每一位成功者的成长道路都不是一帆风顺的。正是他们善于在艰难困苦中向生活学习，磨砺意志，才在最险峭的山崖上扎根成长为最伟岸挺拔的大树，昂首向天。相反，一帆风顺只会造就你的软弱，使你弱不禁风。

贫困是一所大学

　　在一个盛大宴会上，来宾们就某幅绘画到底是表现了古希腊神话中的某个场景，还是描绘了古希腊真实的历史画面而展开了激烈的争论。看到来宾们一个个面红耳赤，吵得不可开交，气氛越来越紧张，主人灵机一动，转身请旁边的一个侍者来解释一下画面的意境。

结果，这位侍者的解释令所有在座的客人都大为震惊，因为他对整个画面所表现的主题做了细致入微的描述。他的思路显得非常清晰，理解非常深刻，而且观点几乎无可辩驳。因此，这位侍者的解释立刻就解决了争端，在场的所有人无不心悦诚服。

这个侍者说他在许多学校接受过教育，但是，其中学习时间最长，并且学到东西最多的那所学校叫作"贫困"。早年贫寒交迫的生活，使得他有机会成为一个对生活有着深刻认识的人，尽管他那时只是一个侍者。

艰难困苦和人生沧桑是最为严厉、最为崇高、最为古老的老师。人要获得深邃的思想，或者要取得巨大的成功，就要善于从穷困破落中摒弃浅薄，莫做井底之蛙。而不幸的生活造就的人才会深刻、严谨、坚忍并且执着。

贫穷并不可怕

著名作家威廉姆·科贝特这样说："当我还只是一个每天薪俸仅为 6 便士的士兵时，我就开始学语法了。我铺位的边上，或者是专门为军人提供的临时床铺的边上，成了我学习的地方。我的背包也就是我的书包。把一块木板往膝盖上一放，就成了我简易的写字台。在将近一年的时间里，我没有为学习而买过任何专门的用具。我没有钱来买蜡烛或者是灯油。在寒风凛冽的冬夜，除了火堆发出的微弱光线之外，我几乎没有任何光源。而且，即便是就着火堆的亮光看书的机会，也只有在轮到我值班时才能得到。为了买一支钢笔或者是一叠纸，我不得不节衣缩食，从牙缝里省钱，所以我经常处于半饥半饱的状态。"

"我没有任何可以自由支配的用来安静学习的时间，我不得不在室友和战友的高谈阔论、粗鲁的玩笑、尖利的口哨声、大声的叫骂等等各种各样的喧嚣声中努力地静下心来读书写字。要知道，他们中至少有一半以上的人是属于没有思想和教养、粗鲁野蛮、没有文化的人。你们能够想象吗？为了一支笔、一瓶墨水或几张纸我要付出相当大的代价。每次，揣在我手里的用来买笔、买墨水或买纸张的那枚小铜币似乎都有千钧之重。要知道，在当时的我看来，那可是一笔大数目啊！当时我的个子已经长得很高了，我的身体很健壮，体力充沛，运动量很大。除了食宿免费之外，我们每个人每周还可以得到两个便士的零花钱。我至今仍然清楚地记得这样一个场景，回想起来简直就是恍如昨日。有一次，在市场上买了所有的必需品之后，我居然还剩下了半个便士，于是，我决定在第二天早上去买一条鲱鱼。当天晚上，我饥肠辘辘地上床了，肚子在不停地咕咕作响，我觉得自己快饿得晕过去了。但是，不幸的事情还在后头，当我脱下衣服时，我竟然发现那宝贵的半个便士不知道在什么时候已经不翼而飞了！我一下子如五雷轰顶，绝望地把头埋进发霉的床单和毛毯里，就像一个孩子般伤心地号啕大哭起来。"

很多身处贫寒中的人，也许都在抱怨命运的不公平，抱怨环境对自己的不利影响。但是，即便是在这样贫困窘迫的不利环境下，科贝特还是坦然乐观地面对生活，在逆境中卧薪尝胆、积蓄力量，坚持不懈地追求着卓越和成功。他说："如果说我在这样贫苦的现实中尚且能够征服艰难、出人头地的话，那么，在这世界上还有哪个年轻人可以为自己的庸庸碌碌、无所作为找到开脱的借口呢？"

由此可见，人处于贫困中并不可怕，精神上的贫瘠才是最大的贫穷。只要我们乐观、向上、努力地生活，就是精神上的富翁。

第七节　勤俭节约是美德也是责任

　　勤俭节约是中华民族的一大传统，也是一个人道德高尚的具体表现。古人云："俭，德之共也；侈，恶之大也。"告诫我们要杜绝奢侈浪费，培养节约的美德。

　　对于富人来说，勤俭节约是难得的美德；对于贫穷者来说，勤俭节约不仅是一种美德，更是一种必不可少的责任。一个明智和懂得勤俭节约的人，会为未来打算，会为将来可能降临到自己的家庭和自己身上的不幸日子做些准备；一个没有头脑的人，根本不会为将来着想，不会考虑到明日艰难的需要，他会疯狂地把全部收入都花光。

　　勤俭节约不仅给人们带来富裕安宁的生活，还给人们带来许多益处：它培养人们克制自己的习惯；使精明谨慎成为人的显著性格；它控制自我放纵；它使人拥有安逸闲适的平和心态。

节俭成就辉煌人生

　　王永庆在事业上取得了辉煌的成功，而他勤俭节约的作风也一直为人们称赞。从小吃惯了苦的王永庆，一直保持着刻苦节俭的习惯。他的一条旧毛巾，使用了27年，一直舍不得扔掉，仍然继续使用。由于用得时间太长了，这条毛巾缺边少沿，毛茸茸的，非常刺拉皮肤。他的太太看到了，非常心痛，拿了一条新毛巾想给王永庆换一换，但王永庆却说："既然能凑合着用，又何必换新的呢。就是一分钱的东西也要捡起来加以利用，这不是小气，是一种精神，是一种警觉，一种良好的习惯。"

1975 年元月 9 日，王永庆在接受美国圣若望大学赠授博士学位的典礼上所说的一段话，值得人们深思。

王永庆说："我幼时无力进学，长大时必须做工谋生，也没有机会接受正式教育，像我这样一个身无专长的人，只有吃苦耐劳才能弥补自身的不足。而且，出生在一个近乎赤贫的环境中，如果不能吃苦耐劳简直就无法生存下去。

直到今天，我还常常想到曾经生活的困苦，那也许是上帝对我的恩赐。"

勤俭节约历来是被人们公认的一种好习惯，它不仅是对待人生的一种态度，更是一种美德。在艰苦的日子里，我们要勤俭节约；在安逸的日子里，我们同样要勤俭节约，这两点将决定我们能否立业、守业、成大业。

节俭是伟人的共性

回顾历史，多少伟人在这方面为我们做出了榜样：

毛泽东一生粗茶淡饭，睡硬板床，穿粗布衣，生活极为简朴。一件睡衣竟然补了 73 次，穿了 20 年。经济困难时期，他主动减薪、降低生活标准，不吃鱼肉、水果。在勤俭节约方面为国人做出了表率。

朱德同志生前是我们党和国家的领导人，是中国人民解放军的总司令，几十年来，他始终保持勤俭节约、艰苦奋斗的传统美德。战争年代，他经常和战士一样吃糙米野菜，穿粗布军装，住草棚窑洞。新中国成立后，全国人民生活水平都有了提高，可是朱德同志的生活还是很俭朴，他的卧室并不宽敞，床上的单子、褥子都是用了多年、打了补丁的。他吃的也很简单，经常是每餐只有一小盘半荤半素的菜，一小盘泡菜，一小碗汤。穿的也非常朴素，穿的衣服领口和袖口上经常是带补丁的。他常说："粗茶淡饭，吃饱了就行；衣服干干净净，穿暖了就行。"

伟人都如此节约，更何况我们呢？但是，"贫穷者"一般比较大方，而且是用心去和他人交往，从不藏心眼。而且对于小事根本不斤斤计较，礼尚往来从不暗藏小算盘。

每一分钱都来之不易，浪费是对自己劳动的不负责任，是一种可耻行为，勤俭节约才是一种美德。财富是由一点一滴积累起来的，无论何时我们都要勤俭节约，贫穷时要勤俭节约，富有时更要勤俭节约。我们每个人，都要从日常的生活小事做起，逐渐养成勤俭节约的习惯，只有这样，我们才能守住富有，并且也会越来越富有。

第 5 章

情感的箴言

生活中，得到与失去永远维持着它的恒定。得到了财富却失去了亲情，得到了智慧却失去了快乐，实现了梦想却失去了健康……爱情道路上也是一样，若他先弃你而去，不必伤感，因为只要你勇敢地放手，就能让自己找到更好的幸福。

第一节　笑着挥别离去的情感

对失去的感情要坦然放弃

生活中，得到与失去永远维持着它的恒定。得到了财富却失去了亲情，得到了智慧却失去了快乐，实现了梦想却失去了健康……爱情道路上也是一样，若他先弃你而去，不必伤感，因为只要你勇敢地放手，就能让自己找到更好的幸福。

但在现实生活中，总有些人会被爱情冲昏头脑，一旦失去对方就会一蹶不振，似乎世界末日就要来临了，这是最不理智的行为。相反，当对方弃你而去时，如果你能够轻松地说声分手，不可收拾的感情就会因此而美丽，因此而洒脱。既然走了就让他走吧，想再多做什么也是徒劳的。失去了谁，地球都照样转，没有了他，我们还是一样要生活，相信时间会冲淡一切。因此，当爱已经不在时，要大胆地说分手。

人总是希望拥有所有自己不想失去的东西，于是不遗余力地去追求。所以，一旦失去，特别是所爱的人离你而去时，没有几个人会舍得放弃的。然而，对破碎的感情舍不得放手的人，往往会失去更珍贵的东西。纵然这是一件让人痛心的事情，也不容易被轻易忘掉。但事实上，忘掉它是唯一理智的解决方法。否则，无尽的痛苦和愤怒的折磨只会驱之不散。所以有这样一句话：苦苦地挽留心已离开的人是傻子，苦苦回忆以往幸福时光的人是愚人，苦苦地感伤命运的人是蠢人。

爱不能成为羁绊，当对方不再爱你的时候，请不要失去自己的自信。因为爱情只是生活的一部分，没了爱情还有许多重要的事值得我们去做。

当对方已经不爱自己时，洒脱地说声再见，然后看看那么多爱自己的人，淡淡地微笑一下，也是会感觉到异样甜美的。

第二节　有一种深情叫作放手

放开手得到一切

把手握紧，里面什么也没有，把手放开，你得到的是一切，这就是紧握与放手之间的奥妙。这同样适用于爱情。

拥有一种感情并不是让他成为你的囚徒，放开他你才能真正地拥有他。在电影《卧虎藏龙》中有这样的一个场：

男女主角坐在一个凉亭之中，背景是一片翠绿的竹林，凉风徐徐地吹来，一片与世无争的怡然自得。之中有一句对白是这样说的："我的师父常说，把手握紧，里面什么也没有，把手放开，你得到的是一切！"

生活并不是一帆风顺的，很多时候我们需要学会放手，放手不代表对生活的失职，说不定也是种契机。

男人因为将自己的老婆看得太紧，差点失去了一份爱，但松手之时却挽回了这份爱，可见，对于爱情，也要懂得适时地放下，这是一种经营。

心理学中有一种升值规律，即越是得不到的东西，越是朝思暮想，这或许就是许多人对于得不到的东西苦苦追求和不能放手的原因吧。很多人在迫不得已放手后，总是郁郁寡欢，会莫名地为了一首歌、一部戏，或是一句话而泪流满面，总觉得天是黑的，云是灰的，甚至失去了生活的激情，感到绝望和痛彻心扉。其实，放手也是一种爱。放手不一定会失去，相反，你很可能在退一步后得到更多。只有放手，你才会有机会在将来收获一份真正的爱情，你可以回头想想：当你和他（她）在一起时，是否曾因为太在乎，让他（她）感到自我空间被严重束缚，压得喘不过来气，不能做自己想做的和应该做的事情？是不是让他（她）感到很累，觉得为爱改变得太多，甚至丧失了原先的自我呢？如果这样的话，就应该放开你紧握的双手，给爱情一丝吸收养分的空间。这种放手，又何尝不是一种收获？

爱情是漫漫人生路上一道美丽的风景。我们总是希望两人的爱没有界限，感情能永远完美。可是，往往在两人情到深处时，爱情却不知哪儿出了毛病。如果你的爱情有了暗礁，如果你们完全没有了感情，在无法挽回的情况下，那么，放手也是幸福的。学会放弃，善待自己，为了让自己以后的路走得更好，同时也给对方重新开始的机会。相遇是一种缘，相识、相恋更是一种缘，缘起而聚，缘尽而散，放手才是幸福的起点把手握紧，里面什么也没有，把手放开，你将得到一切。

第三节　母爱是世间最伟大的力量

有一种爱被世人所赞颂，有一种爱可以让人每时每刻都感受到它所带来的温热，这种爱就是母爱。母爱像火红的太阳，母爱像黑夜里的油灯，母爱像冬天里的毛衣，母爱更像山间的溪水，一点一滴的细流汇成潺潺的溪流，一点一滴的关怀汇成浓浓的母爱。

无私的母爱

一个发生在一位游子与母亲之间的故事。游子探亲期满离开故乡，母亲送他去车站。在车站，儿子旅行包的拎带突然被挤断。眼看就要到发车时间，母亲急忙从身上解下裤腰带，把儿子的旅行包扎好。解裤腰带时，由于她心急又用力，把脸都涨红了。儿子问母亲怎么回家呢？母亲说，不要紧，慢慢走。

多少年来，儿子一直把母亲这根裤腰带珍藏在身边。多少年来，儿子一直在想，他母亲没有裤腰带是怎样走回几里地外的家的。

另一个故事则发生在一个犯人同母亲之间。探监的日子，一位来自贫困山区的老母亲，经过乘坐驴车、汽车和火车的辗转，探望服刑的儿子。在探监人五颜六色的物品中，老母亲给儿子掏出用白布包着的葵花子。葵花子已经炒熟，老母亲全嗑好了。没有皮，白花花的像密密麻麻的雀舌头。

服刑的儿子接过这堆葵花子仁，手开始抖。母亲亦无言语，撩起衣襟拭泪，她千里迢迢探望儿子，卖掉了鸡蛋和小猪崽，还要节省许多开支才凑足路费。来之前，在白天的劳碌后，晚上在煤油灯下嗑瓜子。嗑好的瓜子仁放在一起，看它们像小山一点点增多，自己没有舍得吃一粒。十多斤瓜子嗑亮了许多夜晚。

服刑的儿子垂着头。作为身强力壮的小伙子，正是奉养母亲的时候，他却不能。在所有探监人当中，他母亲衣着是最褴褛的。母亲一口一口嗑的瓜子，包含千言万语。儿子"扑通"给母亲跪下，他忏悔了。

母爱是世间最无私的爱，最伟大的力量，没有人不为之动容。

灾难夺不走母亲的心

她是一个疯女人，她的神志常常处于混浊状态，每每遇到惊吓就会失常，要么瘫痪、要么发狂。这天晚上，她和3个儿女或躺或坐地挤在一张床上看电视。晚上9点多了，她想起还没有喂猪，在穿过堂屋去厨房拿猪食时，突然发现房顶簌簌地向下掉泥灰，她便走到门外，想看个究竟。她刚走到门外，就看到房子像化雪一样慢慢往下塌。

前一天，当地下过一场大雨，她家的土坯房当时被水淹了，连墙根都泡软了，但她并没有意识到房子会出现什么异常。她一下怔住了，脑子一片空白，只感觉自己似乎要晕倒。她不知道该怎么做，只是一遍遍在心里提醒着自己："不能晕倒。"

突然，一片混沌中传来小女儿的呼叫声："妈妈！快帮我撑起！"她一下清醒过来，意识到3个儿女在房间里。她急忙问："你们有事没有？"这时候，她听到大儿子的回应："妈妈，我们都还活着。"

确定3个孩子都还活着，她立刻扯开嗓子喊人救命，但那天晚上她的丈夫不在家，附近的邻居也都外出了。漆黑的夜色中，喊叫声悲切、凄凉、无助。喊叫了一会儿，只有风声回应着她，她等不及了，决定自己救孩子。她开始循着孩子们的声音疯狂地扒残垣、瓦片和泥土，她一边疯狂地扒着，一边和几个孩子轮流着说话。

她问大儿子："儿子，你们有事没有？"

大儿子回应着她："妈妈，我们都还活着！"

这时候，她听到小女儿忐忑的声音："哥哥，是不是下冰雹了？"

她听到大儿子镇定地回应着妹妹："不是，是房子垮了。别怕，妈妈在救我们！"

她又听到小儿子虚弱的声音："哥哥，我吸不了气了！"

她再次听到大儿子镇定的回应："别怕，有哥哥在呢！"

她终于知道，灾难发生后，她的大儿子的手脚虽然都被木头压住，右手臂钉进了一颗钉子，但仍然撑着用身体顶住垮塌下来的横梁，用身体撑起了一片高不过几十厘米的狭小空间，将弟弟妹妹护在了身下。

孩子们命悬生死让她更加忐忑，她更加疯狂地扒，泪水噼啪滚落着。她感觉自己的双手越来越疼，脚也开始发软。她一边继续扒着，一边鼓励着自己："不能晕倒！"灾难撕破那晚的安宁，鲜血染红了那晚的夜色。终于，她看到了纱帐，知道挖到床了。她一把撕开纱帐，将3个孩子拉了出来。

这件事发生在2005年9月13日的璧山县大兴镇万民村，那位身患精神病的母亲的名字非常普通——安昌贤。

灾难可以夺走一个人清醒的神志，但永远夺不走一颗母亲的心。猝不及防的灾难常常让人们变得异常渺小，但常常也是唤醒那些平日里被埋藏起来的人性之铿锵、凛然和鲜亮的时刻。

母爱就像太阳，无论时间多久，无论走到哪里，都会感受到她的照耀和温热。母爱是迷惘时苦口婆心的规劝；母爱是远行时一声殷切的叮咛；母爱是孤苦无助时慈祥的微笑；母爱是温热心灵的太阳；母爱是滋润心灵的雨露；母爱是灌溉心灵的沃土；母爱是美化心灵的彩虹。

第四节　父爱如大海般深沉宽广

高尔基说："父爱同母爱一样的无私，他不求回报。父爱是一种默默无闻、寓于无形之中的一种感情，用心的人才能体会。拥有思想的瞬间，是幸福的；拥有感受的快意，是幸福的；拥有父爱也是幸福的。"

奇迹的名字叫父亲

1948 年，在一艘横渡大西洋的船上，有一位父亲带着他的小女儿，去和在美国的妻子会合。

海上风平浪静，晨昏瑰丽的云霓交替出现。一天早上，父亲正在舱里用腰刀削苹果，船却突然剧烈地摇晃，男人摔倒时，刀子扎在他的胸口上，他全身都在颤抖，嘴唇瞬间乌青。

6 岁的女儿被父亲瞬间的变化吓坏了，尖叫着扑过来想要扶他，他却微笑着推开女儿的手："没事，只是摔了一跤。"然后轻轻地拔出刀子，很慢很慢地爬起来，不引人注意地用大拇指拭去了刀锋上的血迹。

以后三天，男人照常每晚为女儿唱摇篮曲，清晨替她系好美丽的蝴蝶结，带她去看天空的蔚蓝。仿佛一切如常，而小女儿尚不能注意到父亲每一分钟都比上一分钟更衰弱、苍白，他投向海平线的眼光是那样忧伤。

抵达美国的前夜，男人来到女儿身边，对女儿说："明天见到妈妈的时候，请告诉妈妈，我爱她。"

女儿不解地问："可是你明天就要见到她了，为什么不自己告诉她呢？"

他笑了，俯下身去，在女儿额上深深刻下了一个吻。

船到纽约港了，女儿一眼便在熙熙攘攘的人群里认出母亲，她大喊着："妈妈！妈妈！"

就在这时，周围忽然一片惊呼，女儿一回头，看见父亲已经仰面倒下，胸口血如井喷，霎时间染红了整片天空……

尸解的结果让所有人惊呆了：那把刀无比精确地穿透了他的心脏，他却多活了三天，而且不被任何人知觉。唯一可能的解释是因为创口太小，使得被切断的心肌依原样贴在一起，维持了三天的供血。

这是医学史上罕见的奇迹。医学会议上，有人说要称它大西洋奇迹，有人建议以死者的名字命名，还有人说要叫它神迹……

"够了。"那是一位坐在首席的老医生，须发俱白，皱纹里满是人生的智慧，此刻一声大喝，然后一字一顿地说，"这个奇迹的名字，叫父亲。"

父亲，在孩子心目中是完美的，是伟岸的，是神奇的。父亲总会给我们带来许多意想不到的好东西，总会告诉我们要勇敢向前，别怕跌倒。即使到了生命的终点，父亲也会用顽强的意志告诉我们：有一种奇迹，叫父亲。

默默无声的父爱

小君的父亲是个爱车迷，受其影响，小君从小就喜欢上了汽车。那时候还没有专门的洗车店，而小君爸也不放心把他的心肝宝贝汽车交给别人，于是像洗车这类的工作就由小君爸自己亲自打理，而小君则当仁不让地成了他的小帮手。3岁时小君会蹲在车顶用嘴呵气擦车，边擦边在上面留下一串脚印，气得小君爸干瞪眼。4岁时小君会把吃糖剩下的花花纸贴在车窗上，惹得大伙发笑。5岁时小君会扛着水枪冲车，一不留神便冲得小君爸像只落汤鸡。7岁时小君迷上了看人开车，想学上几招，于是争着要坐前排，但小君爸死也不让，说危险，为此小君发动了全家大联盟抵制小君爸侵犯人权的霸行，但小君爸仍然我行我素，每当开车时都会把爬到前座的小君扔回后排。因此有很长一段时间小君觉得父亲是个大暴君。

后来小君考上了外省的大学。离开家独自在外生活，也因此养成每次坐车必坐前排位置看司机开车的习惯，可后来她突然改了这个习惯，因为朋友不经意间向她讲了这么一个故事……

那也是一家人，丈夫开车，女儿就坐在旁边，而妻子则坐在后面，本是要出去游玩。可谁也没想到，就在这时一辆货车疯了一般笔直地向他们横冲过来。丈夫下意识地向左打舵，可猛地想到坐在旁边的女儿，于是他又猛地向右打舵，让自己这面迎向了货车……直到后来人们把车拖走，才清楚地看到地面上那深深的S形车痕。

后来朋友还告诉小君，遇到这种突发意外，司机都会下意识地向左打舵，所以前排右侧的位置，是发生意外率最高的……后来的话小君再也听不清，因为小君觉得嗓子里像哽了块大石头，想说什么可怎么也说不出，泪却无声地流了下来，因为她明白了父亲那默默无声的爱。

过年时小君打电话说要回家过年，那天父母一早就开车去机场接她。上车时，小君自动要坐后面，可父亲非把小君拉到前面，还笑着说："女儿大了，该学学开车了。"望着父亲那充满喜悦的脸，小君不禁又湿了眼眶。

生活中有许多爱像藏于大海中的珍珠，虽小却珍贵无比。但有时我们会因大海的辽阔将其忽略，任其深埋，不加寻找，直到失去后才后悔不已，殊不知已枉然。而这点点滴滴之爱也只有善于发现的你，才会找到。

　　生命中父亲点点滴滴的爱，我们当时不能发现，却总要在若干年后回想起来，才能瞬间温暖自己的全身，总算还是发现了，倒也不再觉得有什么遗憾。但是，那些一直被我们忽视的小小的爱呢？发现它们吧！你会因此得到温暖。

　　父爱如伞，为你遮风挡雨；父爱如水，为你濯洗心灵；父爱如路，伴你走完人生。恐惧时，父爱是一块踏脚的石；迷失时，父爱是一盏照明的灯；枯竭时，父爱是一湾生命之水；努力时，父爱是精神上的支柱；成功时，父爱又是鼓励与警钟。

　　即使是海纳百川，也难以包罗尽父亲对儿女的关爱！父亲像一个擎天的巨人，为儿女撑起一片生活的空间；父亲像一座大山，担起所有的重担；父亲像一把万能钥匙，解决所有的问题之门；父亲像一望无际的大海，容纳淹没所有的困苦，留给儿女的永远是快乐晴空。

第五节 友谊就像花香，越淡越能持久

君子之交淡如水

古人言："君子之交淡如水，小人之交甘若醴；君子淡以亲，小人甘以绝。"

"好朋友"的定义是什么？天天在一起？常常通电话？如果不能黏在一起，是不是就只能算作泛泛之交？如果真的是这样，那么从古流传至今的"君子之交淡如水"的意义何在？

事实上，好朋友贵在交心，深厚的友谊无须靠丰盛的宴席作为铺垫。为共同的事业、共同的目标一起奋斗的伙伴，彼此之间有着共同的追求，因此也对彼此有着深深的理解。这种友情，是工作顺利时的快乐分享，是患难与共时的相依相偎，更是遭遇困难时的鼎力相助。如果没有这种精神上的协调一致，即使时时相伴左右也是面和心不和。

有的人认为同事之间没有真正的友谊，其实同事之间共同为事业奋斗，即使个性、爱好不大一致，但只要有大体相同的理想，为共同的目标工作，也能建立起深厚的友谊。如果觉得性格志趣合得来就每天形影不离，合不来就慢慢相互疏远，这样的做法只能使得同事之间形成小团体，产生一种不和谐的气氛。

德国大音乐家贝多芬和舒伯特之间的友谊被传为千古佳话：两人共同生活在维也纳35年之久，虽然只见过一次面，但却成为知己。在贝多芬事业如日中天时，舒伯特只是一个默默无闻的音乐创作者。贝多芬生性孤僻，舒伯特深知他的个性且两人社会地位相差悬殊，所以从不敢贸然造访。直到后来，因为一位出版商的盛情邀请，舒伯特才带着一册自己的作品前去登门拜访，不巧的是恰逢贝多芬外出，舒伯特只好留下作品，怅然而回。然而，当贝多芬患病后，有一天，友人想调解他的寂寞，随手拿起桌上的一册书放在他的枕边，让他翻阅消遣，这册书正是舒伯特留下的作品集。贝多芬马上被其中的作品吸引住了，细心品味了一会儿，大声叫道："这里有神圣的闪光！这是谁做的？"友人告诉了他舒伯特的名字，贝多芬大加赞赏，大叹素昧平生。当贝多芬弥留之际，托人把舒伯特召至床前说："我的灵魂是属于舒伯特的！"贝多芬死后，舒伯特终日郁闷。一日他与三四个友人入酒店饮酒，一友人举杯提议："为席上仙逝者干杯！"舒伯特应声站起，一饮而尽。仿佛是应验了可悲的谶语，18个月后，舒伯特也告别了人世。临终的时候，他向亲友表示遗愿："请将我葬在贝多芬的旁边！"后人对他们之间的友谊给予了最美好的赞誉，并为他们铸起了并立的铜像，至今仍屹立于维也纳广场。

现代人的生活离不开社交活动，这些形形色色的活动必定要花费大量的时间。如果为了节省时间而完全远离社交活动，是一种因噎废食的愚蠢做法。但如果把自己的时间全部花在和朋友游玩、谈心上，那也根本没有了自己的私人空间。

不要随意打扰自己的朋友

一位作家曾经有过这样的经验：清晨，他正在埋头疾书，思绪如从蚕茧中抽丝一样，有条不紊。突然，一阵急促的敲门声打断了他的思路，开门一看，是他的一位好友，他只好把这位朋友让进房间。尽管看到作家正在进行创作，但这位朋友却依然十分健谈，自顾自地讲着自己的故事。作家沉默不语，但也不好打断他，只好静静地听着。不一会儿，就到了吃午饭的时间，这位朋友非常热情，拉着作家一起出去吃饭，一顿饭又花了两个多小时，作家满腹牢骚但又碍着朋友的面子不好发作。等到吃完饭，朋友终于心满意足非常高兴地离开了。作家回到家里，重新坐回书桌旁，却再也找不到创作的灵感了。

想想看，这样的友谊多可怕！鲁迅说过："浪费别人的时间，就等于谋财害命。"其实，问题的解决很简单，关键是要遵循"尊重"二字。尊重对方的时间，不浪费别人的时间，不没事找事地瞎聊，也就是要像一句俗语说的那样—无事不登三宝殿，不因自己的小事而给对方造成困扰。每天在一起胡吃海喝的朋友，可能也只能在一起吃吃喝喝，而交心的朋友才是真正的朋友。只要心灵相通，一瞬间就抵得过永恒。

反省一下自己，有没有这样随意打扰过你的朋友呢？不妨做个假设，当你遇到这样的情况：在最不希望被人打扰的情况下，偏偏被人打扰了，而这个人还是你的朋友，你心里是什么感受？这样想一想，你就该知道以后怎么做了。

第六节　理解和宽容能融化爱的坚冰

没有任何矛盾的婚姻是不存在的，婚姻可以是爱情的坟墓，也可以是爱情的天堂，只要我们能给对方多一分宽容和理解，就可以换回另一幅幸福的画面。

也许每一种事物的存在都有其存在的合理理由，所以"婚姻是爱情的坟墓"得到一定程度的认可，然而，如果婚姻是坟墓，怎么还会有那么多男男女女喜笑颜开地走上红地毯，接受爱情的馈赠，享受婚姻之旅呢？其实，婚姻可以是爱情的坟墓，也可以成为爱情的天堂。问题在于你如何去经营它，如果你能用宽容的心去体谅对方，在婚姻遇到困难的时候，别计较什么个人得失，别怨恨什么不平，对伴侣多几分理解和宽容，那么就能永远沐浴在幸福的阳光下。

包容的爱值得托付一生

小红有了外遇，提出和丈夫离婚。丈夫刚开始不同意，但是小红整天吵吵闹闹，无奈之下丈夫只好答应了她的要求。不过他却提出了一个要求，在签字之前见见小红的男友，现在的男友是小红的骄傲，所以她就一口答应了。第二天，小红领回一个高大英俊的中年男人。小红心里一直在打鼓，害怕丈夫见到他之后会忍不住发火甚至报复他。但是丈夫却是很绅士地和他握手，然后说要和他单独谈谈，小红遵从了丈夫的建议。站在门外，小红心里七上八下的，生怕两个男人在屋里打起来。不过事实证明她的担心完全是多余的，几分钟后，两个男人相安无事地走了出来。

送男朋友回家的时候，小红迫不及待地问他："我丈夫都和你说了些什么啊？是不是说了我很多缺点啊？"话音刚落，男朋友就停下了脚步，有些惋惜地摇摇头说："你太不了解你丈夫了，就像我不了解你一样！"

小红一头雾水，连忙解释："谁说我不了解他啊，他木讷，没有情调，跟家庭保姆一样，一点都不像个男人。"

男朋友语气有点生硬地说："你如果真的了解他，就应该知道他和我说什么了。"

小红愈发想知道丈夫说了什么："他到底说了什么啊？"

"他说我们结婚后，叫我凡事都依你，因为你心脏不好，易暴易怒；还说你肠胃不好，但又爱吃辣椒，嘱咐让我今后劝你少吃一点；让我晚上给你定好闹钟，以免第二天上班迟到。"

听完这些话，小红慢慢低下了头，男友走上前，抚摸着她的头发，语重心长地说："你丈夫是个好男人，他比我心胸开阔。回去吧，他才是真正值得你托付一生的人，相信世上没有比他更懂得怎么爱你的人了。"说完，男友转身毅然离去。

经过这次事件之后，小红再也没有提过离婚，因为她深深地明白，只有与他的婚姻才是最好的天堂，没有人比他更宽容和理解自己。

生活中，我们总听到夫妻双方对彼此的抱怨，怪对方不关心自己，怪对方不够体贴不够温柔……是啊，曾经爱得那么真切，爱得那么义无反顾，对方的缺点在自己看来也是那么神圣，恨不得时时刻刻陪在彼此的身边，眼里除了对方，再也装不下别人。可是，相爱容易相处难，一旦走进婚姻的殿堂，真正生活在一起，各种恋爱时没有意识到的缺点都会不可阻挡地表现出来，然后诸多的矛盾便会接踵而至，有时候因为一点鸡毛蒜皮的小事都会争得面红耳赤，之前对方的所有优点都会变成一把利刃，深深地刺伤彼此。

事实便如此，在这个世上，没有十全十美的人，也没有十全十美的婚姻，因为婚姻是两个人的相互结合，共同面对更复杂的生活。没有丝毫矛盾的婚姻是不存在的，但如果我们能给对方多一分宽容和理解，则会是另一幅幸福的画面。

"百年修来同船渡，千年修来共枕眠"，芸芸众生能走到一起又何尝不是几辈子修来的缘分呢？如果双方能学会珍惜自己最爱的人，对爱人多一分包容，婚姻又如何不会成为爱情的天堂呢？

理解和宽容是爱的源泉

宽容就是原谅，是大度，是福分，也是一种爱。安徒生有这样一则童话叫《老头子总是不会错》。

乡村有一对清贫的老夫妇，有一天他们想把家中唯一值点钱的一匹马拉到市场上去换点更有用的东西。老头子牵着马去赶集了，他先与人换得一头母牛，又用母牛去换了一头羊，再用羊换来一只肥鹅，又由鹅换了母鸡，最后用母鸡换了别人的一大袋烂苹果。在每一次交换中，他还是想给老伴一个惊喜的。当他扛着烂苹果来一家小酒店歇气时，遇上两个英国人，闲聊中他谈了自己赶场的经过，两个英国人听得哈哈大笑，说他回去准得挨老婆子一顿揍。老头子坚称绝对不会，英国人就用一袋金币打赌，如果他回家竟未受老伴任何责罚，金币就算输给他了，于是三人一起回到老头子家中。

老太婆见老头子回来了，非常高兴，又是给他拧毛巾擦脸又是端水解渴，听老头子讲赶集的经过。他毫不隐瞒，全过程一一道来。每听老头子讲到用一种东西换了另一种东西，她竟十分激动地予以肯定。"哦，我们有牛奶了""羊奶也同样好喝""哦，鹅毛多漂亮！""哦，我们有鸡蛋吃了！"诸如此类。最后听到老头子背回一袋已开始腐烂的苹果时，她同样不愠不恼，大声说："我们今晚就可吃到苹果馅饼了！"不由搂起老头子，深情地吻他的额头……

其结果不用说，英国人就此输掉了一袋金币。

夫妻的恩爱、宽容是善待婚姻的最好方式。充分理解对方的行事做法，不苛求不责怨。如此，必然给对方以爱的源泉，婚姻一定如童话般妙趣横生、美满幸福。

在家庭生活中，夫妻之间最重要的就是宽容、尊重、信任和真诚。即使对方做错了什么，只要心是真诚的，就应该重过程、重动机而轻结果，这样才能使家庭更加和睦。

宽容的力量

一位参加美国公共关系卡耐基训练班的学员，把宽容的原理运用到自己的家庭，使得家庭关系十分融洽。

一天，妻子请他讲出自己的 6 个缺点，以便成为更好的妻子。这位学员想了想说："让我想一想，明天早晨再告诉你。"

第二天一大早，学员来到鲜花店，请花店给妻子送 6 朵玫瑰，并附上一个纸条："我实在想不出你需要改变的 6 个缺点，我就爱你现在这个样子。"

当这位学员晚上回到家时，妻子站在门口迎接他，她感动得几乎要流泪。从此，他认识到宽容和赞赏的力量。

爱是一门艺术，宽容是爱的精髓。

第 6 章

苦难的箴言

失败只不过是暂时的挫折，是通往成功的一级阶梯。它会告诉你某些方法已经行不通了，而某些方法还没有试过，你还有机会成功。在追求成功与开创事业的时候，几乎每个人都不可避免地要遇到失败。

第一节　上天只会给我们过得去的坎

失败只是一时的

在追求成功与开创事业的时候，几乎每个人都不可避免地要遇到失败。其实失败只不过是暂时的挫折，是通往成功的一级阶梯。它会告诉你某些方法已经行不通了，而某些方法还没有试过，你还有机会成功。

美国发明家爱迪生曾说过："在困难面前，只有放弃的人才是真正的失败者。"

通常人们被困难击倒的主要原因之一，就是他们认为自己无法克服困难，会被困难打败。这就像拳击手上台后发现对手比自己高大强壮就吓晕了一样—你不是被对手击倒的，而是自己把自己打败了！因此我们应该勇敢地向前冲，不去试怎么知道会失败？就算失败了又怎么样？

其实，没有人天生就是赢家，他们成功的关键通常在于决定性的一刻：回到原点，重新出发。

不要畏惧失败

玛格丽特·米契尔是世界著名作家，她的名著《乱世佳人》享誉世界。但是，这位女作家的创作生涯并非我们想象的那样平坦，相反，她的创作生涯可以说是坎坷曲折。玛格丽特·米契尔靠写作为生，没有其他任何收入，生活十分艰辛。最初，出版社根本不愿为她出版书稿，为此，她在很长一段时间里不得不为了生活而奔波。但是，玛格丽特·米契尔并没有退缩。她说："尽管那个时期我很苦闷，也曾想过放弃，但是，我时常对自己说'为什么他们不出版我的作品呢？一定是我的作品不好，所以我一定要写出更好的作品。'"经过多年的努力，《飘》问世了，她在接受记者采访时说："在出版《飘》之前，我曾收到各个出版社1000多封退稿信，但是，我并不气馁。退稿信的意义不在于说我的作品无法出版，而是说明我的作品还不够好，这是叫我提高能力的信号。所以，我比以前任何时候都努力，终于写出了《飘》。"

个人心理学先驱艾尔费烈德·艾德勒说："你愈不把失败当作一回事，失败愈不能把你怎么样；只要能保持心态的平和，成功的可能性就愈大。"这是个很有力的建议，失败都有正面的价值，说不定它还是上帝给予我们的奖赏呢。

成功学大师拿破仑·希尔曾经指出：因为以下这三个原因，失败往往能够转化成为成功的基石。第一，失败可以打开新的机遇大门，迎来新的人生机会；第二，失败可以给骄傲的人注入一针清醒剂；第三，失败可以使人知道什么方法是错误的，而成功又需要什么样的方法。基于这三个原因，我们应该知道，失败带来的逆境并非都是坏事。关键是看人们对失败做出何种反应，它决定着一个人的成败。人生如战场，试想一下，如果你身临战场，当你遇到困难和敌人时就赶紧后退，其后果如何？把事情做好，把困难解决，这不也是一种"作战"吗？在面对困难时只要不回避，它们就不会成为大问题。轻轻地触摸蓟草，它会刺伤你；大胆地握住它，它的刺就碎落了。

第二节　别因为怕苦就舍弃理想

人生重要的事情之一是树立高远的理想，更为重要的是为了实现自己的理想而努力。如果一个人空怀豪情壮志，却不落实到具体行动之中，崇高的理想永远也成为不了现实。

"合抱之木，生于毫末；九层之台，起于累土；千里之行，始于足下。"实现崇高的理想，要从微小处做起，从现在做起。雄心壮志需要一步步、踏踏实实地去实现。

一般而言，一个人的理想越是高远，实现理想的过程就越漫长，路途也越曲折，在实现理想的过程中会遇到很多艰难险阻，甚至陷入困境，我们必须对它有正确的认识。

理想变为现实要经过艰难的历程，不是一蹴而就的，其中不可避免地存在着困难和挫折。虽然我们每个人都对梦想充满期盼，希望能够早日顺利实现自己的理想，心想事成，一帆风顺，平步青云，然而事实却并非如此。如果我们空怀满腔热情，却对道路的曲折性缺乏正确的认识，那么一旦遇到挫折，就会很容易失去信心，放弃自己的目标，从而变成行动上的矮子；如果我们能够认识到道路是漫长的，曲折是存在的，但前途是光明的，那么我们就会坚定信心，积极努力，守望自己的理想。

实现理想的过程中遭遇困难和挫折时，我们该怎么办呢？是消极失望、自暴自弃、颓废悲观呢，还是勇敢地面对理想路上的厄运和困境，这是我们实现自己高远理想的关键。

我们又该如何去做？

周恩来说："逆境是最好的老师。"拜伦也说过："逆境是达到真理的一条通路和桥梁。"其实，苦难和困境或许会真正成就我们自己，因为它能激发我们的斗志，磨炼我们的意志，增长我们的智慧，帮助我们走出困境，创造人生的辉煌。历史上许多最终能够有所成就、实现自己人生理想的人，如被囚禁在羑里的周文王、被膑了膝盖的孙膑、被放逐的屈原……所谓"艰难困苦，玉汝与成"，正是如此。

取得了突出成就的邓亚萍曾经在总结自己成功的经验时说："我不比别人聪明，但我能管住自己。我一旦设定了目标，绝不轻易放弃，也许这就是我成功的一个经验吧。"邓亚萍之所以能取得突出的成就，就在于设立了奋斗目标，并且守望自己的理想，决不放弃。

布鲁诺为理想献身

布鲁诺捍卫和发展了哥白尼的太阳中心说，并把它传遍欧洲。他因为坚持自己的观点，毫不动摇，被罗马宗教裁判处以火刑。1600年2月17日凌晨，布鲁诺在熊熊烈火中英勇就义，他为了自己美好的理想而献出了宝贵的生命，但却赢得了后人永远的怀念。

人生有失必有得，如果你选择了享受，那么你注定只会庸碌一生，无所作为。

两块石头的选择

深山里有两块石头，第一块石头对第二块石头说："去经历路途的艰险坎坷和世事的磕磕碰碰吧，能够搏一搏，不枉来此世一遭。"

"不，何苦呢？"第二块石头嗤之以鼻，"安坐高处一览众山小，周围花团锦簇，谁会那么愚蠢地在享乐和磨难之间选择后者，再说那路途的艰险磨难会让我粉身碎骨的！"

人生箴言

于是，第一块石头随山溪滚涌而下，历尽了风雨和大自然的磨难，它依然义无反顾地执着地在路途上奔波。第二块石头讥讽地笑了，它在高山上享受着安逸和幸福，享受着周围花草簇拥的畅意抒怀，享受着盘古开天辟地时留下的那些美好的景观。

许多年以后，饱经风霜、历尽尘世之千锤百炼的第一块石头已经成了世间的珍品、石艺的奇葩，被千万人赞美称颂，享尽了人间的富贵荣华。第二块石头知道后，有些后悔当初，现在它想投入到世间风尘的洗礼中，想得到像第一块石头拥有的成功和高贵，可是一想到要经历那么多的坎坷和磨难，甚至疮痍满目、伤痕累累，还有粉身碎骨的危险，便又退缩了。

一天，人们为了更好地珍存那石艺的奇葩，准备为它修建一座精美别致、气势雄伟的博物馆，建造材料全部用石头。于是，他们来到高山上，把第二块石头粉了身碎了骨，给第一块石头盖起了房子。

第一块石头，选择了艰难坎坷，虽然失去了享乐的机会，但它最终成了珍品，成了石艺的奇葩，第二块石头最后只能落得粉身碎骨的下场。

所以，当我们面临厄运，处于困境的时候，一定也要守望自己的理想。正确看待挫折，不悲观、不放弃、奋发进取，激发自己人生的潜力，斗志昂扬地克服所遇到的困难，理想之花就会灿然绽放。

第三节　环境再苦也不能丢了尊严

不要践踏他人的尊严

人生不会没有风雨，人生不会没有苦难，人生也不会没有眼泪，但是就算这样，也不可失去人的一生。有尊严地活着，这是作为一个人必须有的傲骨。

有这样一个故事：

一位名叫约翰逊的美国朋友，他是个黑人。一次，在乘坐加利福尼亚飞往华盛顿的班机上，约翰逊的身边坐着一位衣着华贵的白人女性，约翰逊刚在座位上坐下，就听到那位"高贵"的女士嘟囔了一句："讨厌的黑鬼。"但是约翰逊丝毫没有介意，反而谦逊地对她笑了笑。

约翰逊没有得到微笑的回报，那位女士对着空姐大喊道："我无法忍受和一个黑鬼坐在一起，麻烦你给我换一个座位！"

几分钟后空姐回来了，她非常礼貌地对那位女士说："对不起，女士，目前经济舱没有空位了，只有头等舱还有一个空位。我们得到了机长的特批，为了满足乘客的需求，不让乘客跟一个讨厌的人坐在一起，今天就破一次例。"然后，空姐转身对约翰逊说："先生，如果您不介意的话，请您到头等舱就座。"周围的乘客听到空姐的话，都站起来大声鼓掌。

人人生而平等，没有贵贱之分，即便生活给了我们无数的苦难，但我们仍旧要拥有尊严。尊严面前人人平等，尊重他人，你的尊严也会得到维护；践踏了别人的尊严，自己或许也会蒙受屈辱。

没有尊严的人如同躯壳

大名鼎鼎的诗人舍甫琴科曾经被沙皇召见。在沙皇的宫殿里，挤满了大大小小的政府官员、贵族和外国使节。沙皇一到，所有人都毕恭毕敬地弯腰对沙皇行礼，只有舍甫琴科一人站在那里没有动。

"请问您是谁？"沙皇问。

"我是舍甫琴科。"舍甫琴科回答。

"您为什么不向我鞠躬呢？"沙皇问。

舍甫琴科从容地回答道："尊敬的陛下，是您要求见我的，而不是我想见您，如果我也向别人那样对您弯腰鞠躬，您怎么能看清楚我呢？"

宫廷上下无不为舍甫琴科的举动而震惊。有人说："舍甫琴科，你太傲慢了！"舍甫琴科回答："哦，不，我有的仅仅是尊严。"

尊严！不知你有没有想过什么是尊严，不知你心中的尊严是什么样的，如勾践，像陶潜，还是像鲁迅。这些距离我们都太遥远了，我们只需维护心中的尊严，我们只需记住尊严代表了我们的人、心乃至灵魂，没有尊严的我们就如同躯壳，没有任何精神层面的价值。

莫扎特面对财富不曾低头

世界著名的作曲家莫扎特，跟海顿、贝多芬并称维也纳古典乐派三大作曲家。1756 年，他出生于奥地利的一个宫廷乐师的家庭，自小莫扎特就表现出了很高的音乐天赋。在其父亲的教导下，莫扎特在六岁的时候就跟姐姐安娜一起在欧洲大陆周游演出，他们游历了很多城市，慕尼黑、法兰克福、巴黎、伦敦、维也纳、罗马……每到一个地方都会在当地引起轰动，在维也纳期间，莫扎特姐弟俩曾经被皇帝邀请到王宫演出。这样的演出生活长达10年之久。10年后，莫扎特回到自己的家乡萨尔茨堡，在大主教的宫廷乐队里担任首席乐师。但是在担任首席乐师期间，莫扎特非常不满意主教对他的管束，几年后，他毅然放弃了这段雇佣关系，决定独立创作。他去了维也纳定居，从此走上了艰难的自由创作的道路。1791年，莫扎特贫病交加，在维也纳逝世，享年35岁。他的一生写了很多代表作：歌剧20部，交响曲41部，钢琴协奏曲27部，小提琴协奏曲6部……此外，他还写了大量各种体裁的器乐与声乐作品。

在同时代人和后人看来，莫扎特的音乐天赋似乎是天生的，他无师自通，自学成才。但是即便是天才也不能忽视后天的刻苦与勤奋。莫扎特曾经说过："世人都认为我拥有常人不曾拥有的艺术天赋。实际上，没人会花费我那么多的时间去思考，每一位名家的作品我都曾仔细地研究过很多次。"

莫扎特拥有的是才能，别人拥有的是财富，有才能的莫扎特没有向财富低下高贵的头颅，他在贫穷和疾病中死去，被一块破裹尸布裹住扔到了郊外的坟墓里。他的死看上去很凄凉，但是在后人的心中，他的作品永远地活着，他的高贵，也永远地存活在人们心中。

尊严是每个人的权利。"虽然我很贫穷，但是我有一颗高贵的头颅！"我们都崇拜有光辉成就的人，欣赏他们顽强的毅力和强大的魄力，但是我们更应该看到的是他们如何看重自己的尊严，看到他们是如何不在各种诱惑面前出卖灵魂。我们生存的空间中有各种诱惑，比如金钱、美女、权力、地位等，那么你会不会为了得到这些而放弃你的尊严呢？一个有尊严的人能够不卑不亢地生活，不对权势卑躬屈膝，不对金钱奴颜媚骨，不对威势强权低头……无论你处于何种艰难的境地，面临多少灾难和困苦，受到多大的压力和诱惑，相信你不会放弃尊严。这个世界上尊严最可贵，尊严是无价的，记住，任何时候，都不要低下你高贵的头颅。

面对困难不能自轻自贱

布朗的母亲是在他7岁那年去世的。继母来到他家的那一年，小布朗11岁了。

刚开始，布朗不喜欢她，大概有两年的时间他没有叫她"妈"，为此，父亲还打过他。可越是这样，布朗越是有一种很强烈的抵触情绪。然而，布朗第一次喊她"妈"，却是在他第一次也是唯一的一次挨她打的时候。

一天中午，布朗偷摘人家院子里的葡萄时被主人逮住了。主人的外号叫"大胡子"，布朗平时就特别畏惧他，如今在他的面前犯了错，他吓得浑身直哆嗦。

大胡子说："今天我也不打你不骂你，你只给我跪在这里，一直跪到你父母来领人。"

听说要自己跪下，布朗心里确实很不情愿。大胡子见他没反应，便大吼一声："还不给我跪下！"

迫于对方的威慑，布朗战战就就地跪了下来。这一幕，恰巧被他的继母撞见了。她冲上前，一把将布朗提起来，然后对大胡子大叫道："你太过分了！"

继母平时是一个没有多少言语的性格内向之人，突然如此震怒，让大胡子这样的人也不知所措。布朗也是第一次看到继母性情中另外的一面。

回家后，继母用枝条狠狠地抽打了两下布朗的屁股，边打边说："你偷摘葡萄我不会打你，哪有小孩不淘气的！但是，别人让你跪下，你就真的跪下？你不觉得这样有失人格吗？不顾自己人格的尊严，将来怎么成人？将来怎么成事？"继母说到这里，突然抽泣起来。布朗尽管只有13岁，但继母的话在他的心中还是引起了震撼。他猛地抱住了继母的臂膀，哭喊道："妈，我以后不这样了。"

一个人，可能犯错误，但是不能丧失尊严。只有捍卫了自己的尊严，信念才不会缺失，人生的阵地才不会陷落，才能够克服重重困难，获得辉煌的人生。

其实，贫穷并不可耻，可耻的是因为贫穷而放弃了尊严。一个人贫穷的时候，也正是他建立尊严的时候。如果一个人很有地位、很有钱，再谈尊严就没有什么力量了。一个人被前呼后拥谈不上什么尊严，只是地位证明的荣耀。当你很贫穷、很弱小的时候维护自己的尊严，在困境中保持自己的尊严和人格，这种价值和意义很是重大。

有人会不理解了，人的一生，还有什么比生命、金钱更重要？说来说去的，不就是所谓的尊严吗？在物欲横流的今天，尊严是当不了饭吃的。诚然，物质化的生活使人很少去想到精神上的东西，可是，那些精神上的东西却一直存在着，这是不争的事实。只是有极少数的人去想、去坚守而已。所以从古至今，宁为操守而饿死的，就那么寥寥几人。

困难是由各种因素造成的。困难并不是耻辱，你不必因为一时潦倒而在别人面前抬不起头来。自轻自贱不仅于事无补，反而会使你陷入悲观失望的泥潭。试想，一个连自己都鄙夷和轻视的人，怎么能借助自身的力量战胜困难呢？

第四节　没有任何苦难值得畏惧

迎着风雨前进

其实，对于挫折和苦难，每个人都会有畏惧之心，关键是我们怎样去克服它。

在一次聚会上，有人问一位旅行家说："如果登山到半山腰的时候忽然遇到暴风雨，那我们应该怎么办？"

旅行家回答说："应该接着往山顶走。"

"我以为您会说往山下跑呢！我们都知道，山下的风雨小，越往上走风雨越大啊！"那人感觉到很奇怪，继续问道。

"的确，越往上走风雨会越大，但是它不会威胁到我们的生命。如果你调头向山下跑的话，看似比较安全，但却可能遭遇暴发的山洪，那可是致命的危险。"旅行家停了停继续说，"这是我几十年的旅行得出的经验：如果遇到狂风暴雨，不要想着躲避，那只会带来更大的危险，很可能会被卷入洪流而消失；迎着风雨前进，却有可能化险为夷。"

生活中的压力和苦难，就好像是登山时的风雨，要迎向风雨前进，这才应该是我们的态度。

你是胡萝卜、鸡蛋还是咖啡

有一家小公司，因为在市场竞争中失利，所以员工情绪都很糟。这一天，老板把所有的员工叫到自己的家里，然后把他们带进了厨房，厨房里已经准备好了三口锅。老板向三口锅里分别倒了一些水，然后都放在煤气灶上加热。没过多久，锅里的水都烧开了，这时老板拿出一些胡萝卜、鸡蛋和碾成粉状的咖啡豆，分别放进三口锅里。

员工们都很好奇，不知道老板要做什么，有人还以为他要展示自己的厨艺。又过了一会儿，老板把火关了，把胡萝卜、鸡蛋、咖啡都盛了出来，然后他转过身来问员工："你们都看见什么了？"

"胡萝卜、鸡蛋还有咖啡。"员工们纷纷回答说。

老板拿起胡萝卜，用力晃了一下，结果胡萝卜一下子就断了。他又拿起鸡蛋，很细心地把壳剥掉，露出里面煮熟了的雪白的鸡蛋。最后，他又给在场的每位员工倒了一杯咖啡。

喝了一口咖啡，老板这才开始说："胡萝卜本来坚脆硬实，可是煮过之后，变得又稀又软；鸡蛋本来是很容易碎的，可经过开水一煮，内外凝结成一体；而咖啡粉，它进入水中以后，反而把水变成了香郁的饮料。对此你们有什么想法吗？"

在场的员工都没有说话，但每个人都若有所悟。没过多长时间，这家公司就在员工们的共同努力之下，重新焕发了生机。

其实，开水就好像是生活，而我们每个人就像是被放在里面煮的胡萝卜、鸡蛋和咖啡。有人是胡萝卜型的，看似坚强，但一遇到挫折就很快被夺去了力量；有的人则像是鸡蛋，性情不定，可经过一系列的挫折磨炼，终于有了自己的性格；还有一种人，像咖啡一样，他们顺应环境，并且最后能改变环境，挫折反而成了他们塑造成功人格的机遇。

人生箴言

这其中的差别，关键在于内心的变化。

"热爱生命"的树叶

在一个小区的居民楼里，两家比邻而居，一边住着一位年轻人，另一边则住着一位老人。

老人的一生非常坎坷，承受了许多人生的苦难：在他年轻的时候，由于战乱频生，他几乎失去了所有挚爱的亲人，自己也在日本人的空袭中被炸断了一条腿；"文革"期间，他的妻子忍受不了无尽的折磨，和他划清了界限，离他而去；不久，相依为命的儿子又丧生于车祸。

然而，在年轻人的印象中，这位老人却一直精神矍铄、乐观随和。相反，那个年轻人由于生活的不如意经常愁容满面，精神不振，显得很忧郁。一次偶然的机会，他知道了老人的遭遇，于是找了个机会去拜访老人，和他聊了聊，也向老人诉说了自己的烦恼。这位老人什么都没说，只是很温和地笑了笑。

年轻人按捺不住，就问老人："你遭受了那么多常人难以想象的苦难和不幸，为什么还这么乐观呢？"老人默然无语，看着眼前这位年轻人许久，之后，他拿出一片珍藏已久的枯黄的树叶让年轻人看，并问道："你瞧瞧，它像什么东西？"

"这似乎是白杨树叶，但它像什么呢？"年轻人问。老人说："你看它像一颗心吗？或者说本来就是一颗心？"年轻人听了，心灵为之一颤：的确，这片叶子很像心形。老人把手中的树叶放到这个年轻人的手中，说道："年轻人，仔细看看，它上面都有些什么？"年轻人很清楚地看到，树叶上面有许多孔，叶子就像被针扎过一样。

老人接着说道："它在春风中探出新芽、绽放，在阳光雨露下渐渐长大，而到寒风萧瑟的秋天，它走完了自己的一生。在这段岁月里，它经受了虫咬、鸟兽的啃啮、顽童的石击、狂风暴雨的袭击，以至于千疮百孔，可它并没有凋零，而是尽享它的一生。之所以这样，完全是因为它对阳光、泥土、雨露和微风满怀着热爱，对自己的生命满怀热爱。相比之下，我遭受的那些打击又算得了什么呢？我们难道不应该像它那样，热爱生命、尽享生命吗？"

老人的一番话如同醍醐灌顶，唤醒了在不如意中消沉的年轻人。临走时，老人把那片"热爱生命"的树叶送给了年轻人。到现在，年轻人仍然珍藏着这片树叶，每当遭受到打击和不公时，总能从它那里汲取足够的力量，以坚毅和乐观的态度从容面对这些困难。

身处于纷繁的社会当中，我们经常遭遇一些艰难的选择，比如生存与道德的冲突。如果我们一天到晚地讲求道德理想，可能连谋生的办法都没有了，连饭也吃不上。如果不顾一切地求功名，为了当官发财连命都不要，那么理想道德也就谈不上了。

在生存和理想发生冲突时，贪生怕死的人被人们唾弃，舍生取义则被认为是一种十分高尚的行为。不知道人们是否想过，如果苟活下来等待机会，或许将来可以干出一番大事业，那么这种偷生并没有什么可耻，因为它比死更有价值。

真正能够成就大事的人，挺拔中要带有柔韧，这样才能在受到重压的时候做到曲而不折。他们这样做并不是同流合污，他们只是先保全自身，其实心中还一直坚持着理想。所以，虽然这些人看上去好像不会说话，畏畏缩缩的，其实他们只是大直若屈，他们的隐忍都是为了实现自己的理想。

第五节　把挫折当成游戏来对待

打好自己手里的牌

萧伯纳说："一个经受挫折的人生，不但比无所事事的人生更荣耀，并且更有意义。"

艾森豪威尔是美国第34任总统，他年轻时经常和家人一起玩纸牌游戏。一天晚饭后，他像往常一样和家人打牌。这一次，他的运气特别不好，每次抓到的都是很差的牌。开始时他只是有些抱怨，后来，他实在是忍无可忍，便发起了少爷脾气。

一旁的母亲看不下去了，正色道："既然要打牌，你就必须用手中的牌打下去，不管牌是好是坏，好运气是不可能都让你碰上的！"

艾森豪威尔听不进去，依然愤愤不平。母亲于是又说："人生就和这打牌一样，发牌的是上帝。不管你手中的牌是好是坏，你都必须拿着，你都必须面对。你能做的，就是让浮躁的心平静下来，然后认真对待，把自己的牌打好，力争达到最好的效果。这样打牌、这样对待人生才有意义！"

艾森豪威尔此后一直牢记母亲的话，并激励自己积极进取。就这样，他一步一个脚印地向前迈进，成为中校、盟军统帅，最后登上了美国总统之位。

上帝发的牌总是有好有坏，一味埋怨是没有半点用处的，也无法改

变现状。一个人所处的环境靠个人也许无力改变，但如何适应环境则是自己完全可以控制的。人的一生难免会碰上许多问题，遇到不少挫折，在面对问题和挫折时，怨天尤人解决不了任何问题。积极调整好生活态度，勇敢地迎接人生的挑战，并尽最大的努力去做好每一件事，这才是最佳的选择！

挫折让人养成积极的游戏心态

一个春光明媚的日子，许多小孩在公园快乐地游戏，其中一个小孩不知绊到了什么东西，突然摔倒了，并开始哭泣。这时，旁边有一位小女孩立即跑过来，别人都以为这个小女孩会伸手把摔倒的小孩拉起来或安慰鼓励她站起来，但出乎意料的是，这个小女孩竟在哭泣着的小孩身边也故意摔了一跤，同时一边看着小孩一边笑个不停。泪流满面的小孩看到这幅情景，也觉得十分可笑，于是破涕为笑，俩人滚在一起笑得非常开心。

游戏本身，就是在不断战胜挫折与失败中获取的一种刺激与欢乐，假如没有挫折与失败，再好的游戏也会索然无味。倘若人们在生活中，也有这么一种积极向上的游戏心态，那么面对失败与挫折，也就不会显得那般沉重和压抑了。

人们玩游戏时的心态是寻找乐趣，是带着挑战的心情去面对游戏中的困难与挫折的。你面对强大的对手，不断地遭受失败，但越是如此，你越发玩兴十足。倘若在生活中，也始终保有这么一种不服输的心态，那么失败和挫折也就不会显得那般沉重和压抑了。

我们为何不能将失败与挫折当成一种游戏，以便让痛苦沮丧的心态超然快活起来呢？这样做也许你会发现，失败是游戏的一部分，是走上最高处的一级台阶。

第六节 人生没有太多的直路

每个人生活在这个社会中，都可能会遭遇挫折，这是人生必经的路，是每个人必须上的一堂课。只有走过泥泞的人，才能在泥泞的路上留下见证他们价值的足迹。走过了泥泞，以后的人生路才能更平坦；在泥泞中爬起来，以后就少了摔倒的概率；经历了挫折，人生才有了抗击挫折的能力。只有经历过挫折的人，人生才会更精彩；只有走过了风雨，才能知道风雨后的天空是多么晴朗。

曾经有一位名僧告诉他的徒弟：晴天的路走过一百遍也不会有足印，而阴雨天的泥泞中却可留下哪怕是走过一次的脚印。我们的一生若是一直走在坚硬的柏油路面上，是不会留下任何印记的。只有走在泥泞的路上才能留下深深的足印。也只有那些在风雨中走过的人们，才知道痛苦和快乐究竟意味着什么。那泥泞中留下的两行足印，见证着他们的价值。

挫折是人生路上的脚印

1982年，18岁的马云第一次高考失败，之后他当过秘书、做过搬运工，后来，因为读了路遥的代表作《人生》，决心再次参加高考。

1983年，他再次高考，再次落榜。

1984年，马云又参加了高考。这次他终于考入了杭州师范学院本科英语系。毕业后，马云当了一名英语教师。

1994年，30岁的马云开办了杭州第一家专业翻译社——海博翻译社。一个偶然的机会他认识了互联网，就认定这是一个金矿。

1995年4月，他投入7000元，并向亲戚凑了两万元，创建了"海博网络"，产品就是"中国黄页"。营业额上去了，互联网普及了，马云却因为与杭州电信实力悬殊，而被迫与之合作。之后，马云和杭州电信分道扬镳，放弃了自己的中国黄页。

他的第一次创业宣告失败。紧接着，他又遭遇了第二次创业失败。但是这一次次的失败并没有让马云放弃创业之路。

1999年2月，马云向18位创业伙伴发表了激情洋溢的创业演讲。这次注册了一家电子商务公司，注册资金只有50万元，办公地点就设在马云家中，最多的时候，一个房间里坐了35个人。

这些员工的工作状态几乎是疯狂的，他们每天要持续工作16至18个小时，困了就席地而卧。阿里巴巴就这样孕育、诞生在马云家中。

马云两次高考落榜，做过搬运工、蹬过三轮、当过小贩，也曾两次创业失败，推出中国黄页的时候被人称为骗子，创建"阿里巴巴"的时候被人称为疯子……这些挫折在他的生命中都留下了痕迹：顽强、肯吃苦、不认输、不放弃。正是这无数次的挫折和失败，才成就了一个成功的马云。

挫折是我们人生道路上的脚印，当回望的时候，你会发现它们是如此的必要，如此地丰富了你的人生。一个人若总是一帆风顺，那么他的内心往往是脆弱的，在以后的人生道路上也经不起任何的风吹雨打。唯有经历了失败的磨砺，他才能在以后的道路上扛得住巨大的打击。

要学会在逆境中奋发

人是在挫折中成长的，每一次挫折就是一块绊脚石，把这些"石头"拼起来，就成了通向成功的彩虹桥。顺境中的人往往少有作为，被苦难磨砺的人往往能迅速成长。

任何一个人想成就一番事业，就必须迎接生活中的风雨，只有经历风雨的洗礼，才会品味到人生的喜怒哀乐，才会在挫折中坚强，在失意中奋起，在痛苦和磨难中走向新的目标。

当你有幸经历贫穷，当你有幸经历低潮，当你有幸经历意外，不要把这些当作是命运的不公，如果一味埋怨、一味堕落，你就永远不会翻身。人生不如意事十之八九，我们随时都会遇到困难，只有经历挫折，我们才能获得阅历，才能从中取得财富。只有敢于和勇于在泥泞道路中行走的人，才会在逆境中奋发，闯出一片属于自己的天空。

第七节　正视生命中的苦难

说个大家都经历过的事情：还记得小时候第一次学骑自行车吗？当然不会跟现在一样骑上车就能行走自如，想想，是不是曾经摔过四脚朝天，腿和胳膊上都有过很多瘀青？但是最后我们不是都学会骑自行车了吗？学会之后觉得骑车很简单。所以，不经历失败，又怎么能够尝到成功的甜美呢？

苦难是成功的原因

迈克尔·乔丹有一段很有意思的电视广告，他走进体育馆，向热情的球迷打招呼，球迷们都可以听到他自言自语的声音。而在这个本该觉得辉煌的时刻，他却回忆了自己的篮球生涯中遭遇的失败：中学时被开除出篮球队的情形；在职业棒球赛上的失败；在 NBA 生涯中 38 次没有拿下决胜的 1 分。广告的最后，乔丹对着镜头说了一句："这就是我成功的原因。"

多么撼动人心的道理！成功就是一连串失败的积淀，失败就是人生

一连串的苦难，不经历人生的苦难，谈何成功，谈何进步！如果说人生就是一首乐章，那么一连串的苦难就是这首乐章的高潮与低潮。很多人会被失败的阴影笼罩，陷入泥潭不能自拔，以致畏缩不前，甚至心灰意冷，不敢做新的尝试。因此，成功的果实始终距离他们十分遥远。

苦难面前，人们往往有两种表现：积极和消极。消极无外乎懦弱、退让；而积极则是直面苦难的表现。很多积极的事情都是在苦难之后接踵而至的，因为苦难就如同塞翁丢掉的那匹马，在它回来之前，你永远都不会知道将发生什么。

平静的水流养不出大鱼

有个年轻人很喜欢捕鱼，只要有时间，一定会去河边撒网捕鱼。但是他经常忙活了大半天却只抓到几条小鱼。一次，他在集市上碰见一位卖鱼的中年人，他的鱼个头都很大，于是这位年轻人上前问道："你的这些大鱼都是从河里捕的吗？"中年人疑惑地看了他一眼，"当然，不是从河里捕的，能是从哪儿来的？"年轻人怕这位中年人误会，连忙解释说："唉，您别误会，我就是想向您取经呢，我也经常去河里捕鱼，但是忙活半天，捕的都是些小鱼，加起来也没有您这一条鱼重。"中年人见状笑逐颜开，"原来是这个事儿啊。别的不说，捕鱼我是很有门道的。不是每个人都能捕到我这么大的鱼的！"

年轻人一看遇到了高师，连忙请教说："这样啊，您教教我吧。我就是爱好捕鱼，但是一直捕不到大鱼，您放心，就算我捕到大鱼也不会在市场上跟您抢生意的，我可以把鱼都给您，我就是想感受一下捕大鱼的感觉。"中年人听后想了想说："等集市散了，我带你去河边教教你。"年轻人非常高兴。很快，中年人的大鱼就卖光了，他带着年轻人来到了河边。

中年人带年轻人到了一个水流最湍急的河段，刚准备捕鱼，年轻人不高兴了，"您不会不想教我吧？怎么能在这儿捕鱼呢？水流这么急，怎么会有鱼呢？鱼肯定会选择待在水流比较缓和的地方，水流急了，它们会觉得非常痛苦的！"中年人笑道："你不是鱼，怎么会知道鱼喜欢平缓的水流呢？"年轻人一时语塞。中年人接着说道："在河里，只有小鱼才会喜欢待在水流相对平静的地方，因为那里的氧气虽然微薄，但是足够这些小鱼呼吸了，毕竟它们还小经不起大风大浪。而大鱼就不一样了，因为只有水流湍急的地方才有足够的氧气，大风大浪谁都不愿意经历，但是为了生存，不经历大风大浪怎么行！"

水流平静的河流是不会长出大鱼的，人不也是如此吗？不经历苦难，永远成不了气候，只有经历一定的挫折和失败，才能够真正取得成功。所以我们每个人都需要正视人生的苦难。

苦难的存在并不代表我们可以消极面对生活，经历苦难是人生的常态。我们需要做的是正视苦难的存在，用积极的心态来发掘出它不菲的价值。

爱迪生把失败之苦当契机

发明家爱迪生改进的白炽灯使人类的文明有了决定性的进步，但是他的成功是建立在两千次失败的基础上的，而他没有惧怕任何一次失败。当被问及经历的两千次失败时，爱迪生说："我只是排除了可能成功的两千种希望，虽然每一次的失败都足以让多次的成功毁于一旦，但多次的失败，却可能是另一次成功的契机。"

没有人未曾经历过苦难，没有人生下来就会成功，李嘉诚曾经说过："苦难的生活，是我人生的最好锻炼。"也正是因为李嘉诚正视了苦难对他的作用，所以，他在事业上获得了巨大的成功。没有人生来就拥有财富，没有人不经历苦难就能成功。比尔·盖茨选择把自己的大部分财产捐出去，因为他知道，如果不让自己的后代经历苦难，那就是对后代的极其不负责任。

正视生命中的苦难，就是正视自己的人生。不途经失败这条荆棘小径，是无法踏上成功大道的。许多遭受重大挫折而屹立不倒的人，无不是从失败中总结成功的经验。失败能让我们知道自己曾在哪里跌倒过，失败往往比成功更能帮助我们增长经验。失败是成功过程的一环，二者的区别在于你是否有振作起来继续向前迈步的勇气。有则成，无则败。如果你不畏艰难愈挫愈勇，我向你保证，总有一天成功会如期而至。请正视人生的苦难，它是人生最好的老师，它会让人从幼稚走向成熟，在不断的打拼中取得成功。请用积极的心态去面对苦难，苦难将是一笔价值不菲的财富。

第八节　你真的尽全力了吗

很多时候，我们在做事的时候，总是说尽力而为；遇到困难的时候，总是劝自己尽力而为。其实，说是尽力，心里早就有了畏难情绪，尽力而为只是敷衍而已，尽力而为和竭尽全力有很大的差别。

钟豪先生在保险公司做普通销售员的时候，曾经整整3个月，遭受无数的冷眼拒绝，一个单也没签到。到第4个月的某天，钟先生在去约见客户的路上，突然天上下起了瓢泼大雨，他被浇得浑身透湿。他停在原地，真的是没有信心再去找客户了。于是他往回走，走了100米，停下来心想，再试一次吧，没试总归不知道结果。于是又接着往前走，走到客户公司门口，看看淋成了落汤鸡似的自己，实在不好意思迈进客户的门，但又不甘心就这样回去，于是硬着头皮走进了客户的办公室。结果，客户被他的诚意所感动，一下子买了3万元的保险，钟先生终于签到了他所在部门组建以来的第一单，这万字号的第一单钟先生永远也忘不了。

以后的9年里，钟先生做过公司普通的销售员，后来负责过房地产开发经营，再到公司投资的体育用品市场做总经理，现在做公司投资的客户总监，他在这家公司的工作涉及至少4个领域。工作以来公司的所有新辟业务、冲锋陷阵的"先头部队"里都一定有他，所有的苦和累他都经历过，钟先生当时很多次都想放弃。钟先生说，真的很感激那些"苦难"，这些经历今天想起来，还是感到很欣慰的。钟先生依靠自己积极认真的态度、全力以赴的精神，获得了大家的赞赏，取得了不俗的业绩。

郑板桥诗云："咬定青山不放松，立根原在破岩中。"全力以赴是一种奋力向前的精神，全力以赴是一种坚忍不拔的信念，全力以赴是一种舍我其谁的品格，全力以赴也是一个人功成名就的可靠保障。让我们全力以赴！无论做什么事情，尽力而为与竭尽全力，所取得的结果是迥然不同的。

全力奔跑的兔子

有一年冬天，猎人带着猎狗去打猎。猎人一枪击中了一只兔子的后腿，受伤的兔子拼命逃生，猎狗在后面穷追不舍。可是追了一阵子，兔子跑得越来越远了。猎人气急败坏地对猎狗说："真没用！连只受伤的兔子都追不到。"猎狗不服气地辩解："我已经尽力了啊！"兔子带着枪伤逃生回家后，兄弟们都围过来惊讶地问他："那只猎狗很凶啊，你又带着伤是怎样甩掉他的呢？"

兔子说："猎狗仅仅是为了一口肉，而我若不竭尽全力地跑，可就没命了啊！"

面对挫折和坎坷，你真的像那只兔子一样，拼尽全力了吗？

你为什么不是第一名

24 岁的海军军官卡特，应召去见海曼·李科弗将军。在谈话中，将军让卡特挑选任何他愿意谈论的话题。然后，再问卡特一些问题。结果每每将军都将他问得直冒冷汗。终于卡特开始明白：自己自认为懂得了很多东西，其实还远远不够。结束谈话时，将军问他在海军学校的学习成绩怎样，卡特立即自豪地说："将军，在 820 人的一个班中，我名列 59 名。"

将军皱了皱眉头，问："为什么你不是第一名呢，你竭尽全力了吗？"

此话如当头棒喝，影响了卡特的一生。此后，他事事竭尽全力，后来成了美国总统。

通过这个故事，我们不难看出，不管做什么事情，如果仅仅是尽力而为，所付出的精力便不会集中，成效并不明显，只有我们竭尽全力，才有可能把事情做到完美。

第九节　永不说放弃

人生在世，总有些东西是不能放弃的，比如一种坚定的信念和执着的追求，或者一种可贵的精神。信念、追求和精神，是永远都不能放弃的。

人生在世，总有些东西是不能放弃的，比如一份拥有，一份勇气。有了这份勇气，我们就能战胜许多困难。勇气是在人生的任何时刻都不能放弃的东西。

人生在世，总有些东西是不能放弃的，比如一个人做人的原则。原则，是任何时候都不能放弃的。

人生在世，总有些东西是不能放弃的，这是一个机会稍纵即逝的时代，机会是不能放弃的。人生不如意事十有八九，但只要努力珍惜机会，就算无法获得卓越的成绩，也能问心无愧。

永不放弃自己的人生信条

史蒂夫·鲍尔默生于 1956 年，毕业于哈佛大学斯坦福商学院。他于 1980 年加入微软，1998 年 7 月出任微软总裁，2000 年担任微软首席执行官（CEO）。美国《商业周刊》评出 2001 年度 25 位最佳 CEO，他位列第一。

鲍尔默是一位很了不起的人物。孩童时代，他受到父亲的严厉管教。八岁起，他的父亲就不断告诉他以后必须上哈佛。因为父亲对一生没有上过大学这件事抱有遗憾，于是把希望寄托在他身上。鲍尔默后来回忆说："放弃的人出生以前就放弃了，如果你要成功，就不能放弃。"

鲍尔默从小就是个读书和运动的高手，高中的时候就在学术和体育上展示出他超人的天赋。他在 SAT（相当于美国的高考）考了满分，高中老师评价他说："这孩子对学习充满好奇，对赢得比赛有着非比寻常的执着。"

　　在哈佛上二年级的时候，18 岁的鲍尔默认识了一个瘦瘦的学生—比尔·盖茨。那年是 1974 年，他和盖茨同龄，而且也是哈佛的同年级学生，这两位数学天才是在学校的影院里看电影时认识的。他们一见如故，刚看完电影就一起哼唱影片中的插曲。怀着对数学和科学的热情，他们很快变成了好朋友。之后他们搬到同一间宿舍里住，并把宿舍的名字称为"雷电房"。

　　1975 年，比尔·盖茨办理了退学手续，和儿时的好友保罗·艾伦一起创办了微软公司。盖茨当时劝鲍尔默也退学来微软帮忙，却被鲍尔默拒绝了，因为他当时好不容易当上了哈佛橄榄球队的"掌门人"，不想就此放弃。

　　1979 年的春天，鲍尔默到斯坦福攻读 MBA。1980 年，盖茨再次请鲍尔默加入微软，当时微软正处于孵卵期并陷入了困境，公司里不乏技术上的人才，但缺乏管理型人才。

　　鲍尔默也发现，这对他而言是个机会。而且，他和盖茨的信条都惊人的相似：科学是领跑者的天下，而不是追随者。后来，这句话也成了微软的信条。于是，鲍尔默离开了斯坦福，到微软担任总裁助理的职位。当时微软只有 16 名员工，盖茨用五万美金和 7% 的股份，聘请了第 17 名员工—鲍尔默。

　　虽然鲍尔默是盖茨亲自聘过来做管理的，可他刚上任第 3 周就和盖茨发生了分歧。

　　当时微软有 30 名员工，而鲍尔默却坚持再雇 50 名。盖茨向来精打细算，认为公司绝对不能负债，账户里要有足够的钱来维持公司一年的运转，而员工太多会让他面临破产的风险。

　　两人争执不下，吵得面红耳赤。鲍尔默从始至终毫不退让，最终还是盖茨妥协了。盖茨回忆起这场争辩时说："我们经历了严峻的考验和磨合，鲍尔默在微软的发展过程中立下了汗马功劳。"

　　鲍尔默最初不放弃学业，后来他觉得可以去微软了，就抓住了这个机会。到了微软之后，就算和盖茨有分歧，他依然坚持自己的意见。鲍尔默永不放弃自己的人生信条，使他充满了个人魅力，同时也为微软的发展立下了卓越的功勋。

最经典的演讲

　　二战时期的盟国"三巨头"之一、英国前首相丘吉尔是一个非常著名的演说家。他生命中的最后一次演讲是在剑桥大学的结业典礼上，也许由于丘吉尔太过年迈，演讲的全过程大约持续了两分钟，他只讲了一句话，但这次演讲却成为演讲史上的经典之作，永垂青史。整个大会礼堂里坐着上万名学生，他们正在等候着伟人丘吉尔的到来。在随从的陪同下，丘吉尔先生准时到达，并慢慢地走进了会场，走向讲台。站在讲台上，丘吉尔脱下他的大衣交给随从，接着摘下帽子，默默地注视所有的听众。一分钟后，丘吉尔缓缓地说了一句语重心长，铿锵有力的话："Never give up！"（永不放弃）说完这句话后，丘吉尔穿上了大衣带上帽子离开了会场，整个会场鸦雀无声，一分钟后，掌声雷动，经久不息。

　　人生有很多不能放弃的东西，如果你想要获得成功，就永远不要说放弃。不能放弃自己的信念、理想和追求，一生都与这些珍贵的品质结伴而行。

生活中的每一个苦难和挫折，都是上天给我们的考验。所以面对挫折，不要惊慌，也不必难过，只要心中有不怕输的勇气，对自己说"我能行"，那么，你就一定能够站起来，笑到最后，笑得最美。

不向命运低头认输

2008 年 8 月，第 29 届北京奥运会震撼和轰动了全世界，让参赛的每一个国家、每一个运动员都赞叹不止。然而，更震撼人心、感动人心的却是接下来的残奥会。虽然，那些残疾人运动员取得的成绩并不优秀，虽然他们的有些动作不是很优美、很协调。但是，他们那种与苦难抗争、自强不息的精神，对任何一个健全的人，都是一次强烈的心灵震撼。

黄文涛，1970 年出生于上海，生下来就双目失明，从小上盲校，离开父母的怀抱，养成了自己照顾自己的习惯，懂得了自立、自信、自尊、自强。1985 年，黄文涛加入盲童学校田径队，开始了他的体育生涯，主攻项目是短跑和跳远。

残疾人进行体育运动要付出许多在正常人看来非常无谓的代价。在一次训练中，助跑器的铁钉斜伸出来，如果是正常人，可以很轻易地看出来，但他却什么也看不见，一脚踏上去，一股钻心的疼痛从脚底下传来，他一下子昏了过去。后来才知道，铁钉穿过了跑鞋底和他的脚掌，又从鞋表面伸了出来。教练员的示范动作，他看不到，只能"盲人摸象"似的一步步分解、揣摩，一遍遍练习。因为没有视力，经常因碰撞而流血。

1992 年，黄文涛参加了巴塞罗那奥林匹克残运会。沉着冷静的他超水平发挥，以 3 厘米的优势打败了西班牙的胡安，赢得了跳远比赛的冠军。在 2000 年悉尼残奥会上，以 14.16 米的成绩，夺得了男子三级跳远 F12 级的金牌，并打破了残奥会纪录。在

2008 年北京残奥会上，黄文涛第一次作为火炬手参加残奥会，并光荣地成为 8 名残疾运动员执旗手之一。

如果黄文涛对自己悲观失望，如果踩到钉子后他向命运认输、放弃追求，如果在挫折、失败面前意志涣散，他就会很快并永远地沉沦下去，命运就会把他踩在脚下。只要摔倒后再爬起，失败后再坚持，不停地努力，困难也会怕你，挫折、厄运也会向你低头。

第 **7** 章

奋斗的箴言

对奋斗来说，最重要的是行动起来，懒惰者得到的只能是贫困和失败。行动可能是生理上的，也可能是心理上的。一种思想能够像一种行为一样激励人，并有效地把消极的情绪转变为积极的情绪。在这种情况下，不论是生理上的行动，还是心理上的行动，都是优先于情绪的。

第一节　积聚奋斗的力量

有奋斗才有收获

"冰冻三尺非一日之寒"，没有触手可及的成绩，没有与生俱来的功名，所以只有奋斗，才能有所收获。

辗转了几个世纪，奋斗过无数春秋，终究水滴穿石，春暖花开。用汗水凝结力量，用奋斗博取希望，终究天涯咫尺，梦想成真。奋斗的力量，可容纳百川。奋斗，使丑小鸭变美，使虫蛹化蝶。奋斗，使江河成海，使草木成林。相信奋斗的力量，是柏拉图登上哲学的高峰，让绮丽的幻想，燃烧成智慧的宝藏。

奋斗，让花云赢得了武尊的桂冠，让勇气凝结成守护的力量。奋斗，使种子萌发长成硕大的果实。相信奋斗的力量，使苏格拉底走向时代的顶端，以华丽的姿态吞噬荒谬的人性。相信奋斗的力量，使三毛在戈壁荒漠中，用文字书写了一个时代的传奇。

因为奋斗，莫言从一个平凡的作家，蜕变成拥有国际最高殊荣的文学大师，只因坚信奋斗的力量，他恪守着内心深处的那一份本真，用心谱写一段又一段震撼人心的故事，用心谱写一份又一份希望与感动。

因为奋斗，史蒂芬·霍金从一个接近死亡的残疾人蜕变成科学界的一颗明星。坚信奋斗的力量，他恪守着内心深处的那一份希望，用勇气支撑着支离破碎的身体，用坚持换取了伟大的功绩。相信奋斗的力量，使断翅的天使，在蔚蓝的天际中翱翔。奋斗，铸成辉煌。奋斗，创造奇迹。

严冬过后的第一个春暖之日，雄鹰便翱翔于天。经过一个山区时，他看见一只鸡妈妈正领着自己的孩子们悠闲地晒太阳，于是飞了过去，落在最近的一个枝头上，问道：

"鸡妈妈，你也有翅膀，为什么不能像你的祖先一样在天上飞呢？天上很快乐！"

"哦，谢谢你！"鸡妈妈转身看着自己的孩子们，流泪对着老鹰说："你看，我有这么多的孩子需要保护，我没时间啊！等他们长大了飞吧。唉！我这辈子是没指望了！"

老鹰只好飞走了。

第二年春天，老鹰再次飞过山区时，又发现了一只大花鸡带领着她的孩子们在散步，那只大花鸡就是去年老鹰见到的鸡妈妈的一个女儿，现在她长大了更健壮，更丰满！

老鹰飞到她身边问道：

"大花鸡，你也有翅膀，为什么不能像你的祖先一样在天上飞呢？天上很快乐！"

"谢谢你！"大花鸡流着泪答道，"你看，我已经老了，飞不动了，还是等我的孩子们长大以后让他们飞吧！哎！我这辈子是没指望了！"

老鹰只好飞走了。

第三年，老鹰经过山区时，依旧看见一只鸡妈妈带领自己的孩子在山坡上觅食，但他再也没有下去劝她了。

上帝给了鸡和雄鹰同样的翅膀，让他们享受天空，然而，鸡只知就近觅食，目光紧紧满足于眼前的地面，将搏击长空的美丽翅膀日复一日地退化成一种装饰物，多么可惜！

成功，就必须为之付出相应的代价，没有奋斗，就没有收获。不拼搏的人生，终究是不完美的人生，终究是有所缺憾的人生。天生之才，却不好好利用，即使是聪明过人，也只能沦落为仲永之殇。希望之翼，如果不用努力去点燃，那即使是美丽的憧憬，也只能幻灭为泡沫式的海市蜃楼。只有相信奋斗的力量，才能披荆斩棘，勇往直前。

化打击为奋斗的力量

早年，文斯是个老师，但收入微薄。迫于生计，他还在一间酒吧兼职做吧员。妻子总是嫌他没有本事，经常发生争吵。倒霉的是，他没教多久的书，就被学校开除了。更倒霉的是，他的妻子居然不辞而别离开了他。显然，妻子已经对他彻底绝望了。事业和家庭的双重打击，让文斯濒临崩溃。

晚上，文斯在酒吧上班时，一则和橄榄球相关的新闻吸引了他的眼球：费城老鹰队的新教练沃梅尔刚刚上任，公开向社会招募球员，鼓励费城的球迷积极参加选拔。

文斯从小就热爱橄榄球运动，也是费城老鹰队的忠实球迷。可是，这时的老鹰队就像文斯一样，霉运缠身。连续 11 个赛季败绩连连，沃梅尔教练为了鼓舞士气，给球队注入新鲜血液，才想出了这个主意。

同事们都鼓励文斯去尝试一下。每次下班回到家里，文斯第一件要做的事情就是找出妻子离家出走前留下的字条。他如获至宝地看了一遍又一遍，马上勇气倍增。

一周后，文斯参加了选拔赛。他在高中期间曾经受过一年的训练，他的爆发力和速度都十分惊人，在上千名参赛者中脱颖而出，被留在老鹰队接受试训。

实际上谁的心里都明白，这次选拔赛与其说是为了选拔球员，倒不如说是一场集体娱乐。美式橄榄球被称为世上最"男人"的运动，球员从头到脚都要用护具层层包裹，可想而知比赛的激烈程度。当时文斯已经30岁了，没有人看好这个兼职吧员，有些媒体甚至直接称呼他"费城南部的傻瓜"。

虽然文斯受尽了嘲讽和捉弄，可他顶着巨大的压力，仍然努力训练，发誓绝不中途退出。

妻子留下的那张字条，就是支撑他的全部力量。他把字条放进更衣室，压在自己的球衣下面。每天训练之前，他都先把字条拿出来，认真地看上一次，再换上球衣奔往球场。集训结束之后，文斯用优异的表现再次征服了沃梅尔教练，出人意料地进入了参赛名单。

不久，老鹰队初次首场作战，对战纽约巨人队。当双方拼到关键时刻时，文斯在最后一刻力挽狂澜，帮助老鹰队取得了一场久违的胜利。整个赛场都沸腾了，从那一刻起，这个"傻瓜"成为费城南部的英雄。

文斯共在老鹰队效力了三个赛季，成为球队的灵魂人物，在他的精神感召下，老鹰队上下团结一心，士气空前高涨，最终杀进了"超级杯"决赛。文斯以30岁"高龄"书写了橄榄球历史上的一个传奇，同时也为美国树立了一面旗帜。

多年以后，当人们旧事重提时，文斯说："我应该感谢那张字条。"

字条上写着："你是个窝囊废！永远一事无成！"

30年后，文斯的经历被迪士尼拍成了电影《万夫莫敌》，这部影片激励了成千上万的人们。

文斯把妻子羞辱他的字条时时拿出来看，就是把打击转化为奋斗的力量，从而走出了不一样的人生路途，实在令人赞叹不已。

我们青少年假如在生活中遇到打击自己、羞辱自己的人，与其花费力气去生气怨恨，不如像文斯一样，把这些负面的东西转化成奋斗的动力，创造更加美好的未来。

第二节 奋斗从改变自己开始

每一个人都渴望改变自己，可是更多的人却让这种想法夭折在了路上，没有为了实现自己的梦想而去坚持、去努力、去奋斗。《城市，有我奋斗的青春》中的主人翁陈凌澜曾经梦想着有朝一日能周游世界，用永不改变的决心去追寻自己想要的生活，并为了实现梦想而一直努力，直到梦想成真。

你有没有尝试过独自在陌生的地方拼搏的滋味？如果有的话，你一定深知"背井离乡"的苦涩，生活枯燥、单调，没有人可以倾诉。尤其是那些看遍世间百态的社会底层人群，他们的孤独与心酸更为透入心扉。

但遗憾的是，大多数人因为没有正确的引导而选错了方向，致使自己奋斗终生却收获甚微。人人心中都有梦想，不同人的眼中，梦想也迥然不同。它是这个世界上唯一能做到公平的东西，因为无论贫穷或者富裕，健康或者疾病，人人都有拥有梦想并为之奋斗的权利。

改变的墓志铭

在威斯敏斯特教堂地下室里，英国圣公会主教的墓碑上写着这样一段话：

当我年轻自由的时候，我的想象力没有任何局限，我梦想改变这个世界。

当我渐渐成熟明智的时候，我发现这个世界是不可能改变的，于是我将目光放得短浅了一些，那就只改变我的国家吧！

但是我的国家似乎也是我无法改变的。

当我到了迟暮之年，抱着最后一丝努力的希望，我决定只改变我的家庭、我的亲人——但是，唉！他们根本不接受改变。

现在，在我临终之际，我才突然意识到：如果起初我只改变自己，接着我就可以依次改变我的家人。然后，在他们的激发和鼓励下，我也许能改变我的国家。再接下来，谁又知道呢，也许我连整个世界都可以改变。

不少人喜欢做的事情用古话说是"好为帝王师"，即认为自己有能力帮助帝王将相们出谋划策，但看看这些人自己呢，上无片瓦遮身，下无立锥之地。事实上，一个人改变自身的状况是最简单的事情，江山社稷的事情并不需要你多操心，好好操心自己家的事情就足够了。但这些人总是认为改变自己太难，而改变一个国家一个社会却似乎很简单。结果可想而知，他既不能改变社会，同时也不能改变自己，于是牢骚和抱怨就成了家常便饭。希望我们都能立刻从自己做起，减少无谓的抱怨和牢骚，一心一意把自己应该做的事情做好。

改变世界前先改变自己

一个牧师正在准备讲道的稿子，他的小儿子却在一边吵闹不休。牧师无可奈何，便随手拾起一本旧杂志，把色彩鲜艳的插图——一幅世界地图，撕成碎片，丢在地上，说道："小约翰，如果你能拼好这张地图，我就给你2角5分钱。"

牧师以为这样会使约翰花费上午的大部分时间，但是没过10分钟，儿子又来敲他的房门。牧师看到约翰如此之快地拼好了一幅世界地图，感到十分惊奇："孩子，你怎么这样快就拼好了地图？"

"啊，"小约翰说："这很容易。在另一面有一个人的照片，我就把这个人的照片拼到一起，然后把它翻过来。我想如果这个人是正确的，那么，这个世界也就是正确的。"

牧师微笑起来，给了他的儿子 2 角 5 分钱。"你替我准备了明天讲道的题目：如果一个人是正确的，他的世界也就会是正确的。"

这故事启示我们：如果你想改变你的世界，改变你的生活，首先就应改变你自己。如果你的心理态度是积极的，你的生活也会是快乐的；如果你心理态度是消极的，那么，生活也会是忧伤的。

改变自己是可以的，关键在于自己的决心，自己的毅力！不能再这样稀里糊涂地过日子了，不能再这样荒废时日了，必须努力，必须奋斗，你必须有审视自己的勇气，面对并接受你灵魂中的黑暗角落。青春逝去没有什么可悲可叹的，在有生之年因为自己的懦弱没有拼尽全力去实现自己的梦想才是可怜之人。

只有面对现实，你才可能超越现实。既然喜欢一件事，既然知道自己应该去做一件事，你就去做，别想太多，考虑清楚的事情就去做，做了就不要后悔。

要有自己的思想，只有这样你才能用思想的力量来改变自己的世界。真情付出吧，享受过程吧！为自己喜欢的活着。做什么事情都要养成有条不紊和井然有序的习惯，都要充满激情，因为没有激情的努力是绝对没有光彩的。奋斗吧，去不停地寻找一个又一个的小成就感。

第三节　奋斗需要想更需要做

奋斗，最重要的是行动起来，懒惰者得到的只能是贫困和失败。行动可能是生理上的，也可能是心理上的。一种思想能够像一种行为一样激励人，并有效地把消极的情绪转变为积极的情绪。在这种情况下，不论是生理上的行动，还是心理上的行动，都是优先于情绪的。

全力行动的萧伯纳

萧伯纳的父亲乔治·卡萧是个不受人喜欢的懒汉。他整天醉醺醺的。小孩子看见他斜睨着一只眼睛，无不哄然大笑。拙劣的手术使得他的面容愈加显得怪模怪样，可是他毫不在意这斜视的眼睛，依然紧抓着威士忌酒瓶，老婆儿女的事情一概不管。

萧伯纳 15 岁时就不得不出去找事做，他在都柏林一家不动产商会工作，一个月挣 4.5 美元。

20 岁时，萧伯纳去了伦敦。在那里，他除了胡须更加蓬乱之外，却不知道何处去寻找工作。有好几个月的时间，他半死不活地挨日子。倘若没有那个好心的妇人，为了让他赚几个钱而请他来教音乐，他就准死无疑了。在一个浓雾弥漫的傍晚，为了不花钱寻找工作，他来到一个讨论会的会场。他当时太激动了，竟想参加讨论，结果却成了大家的笑柄。他不怪别人，只怪自己的口齿笨拙，说出的话颠三倒四，羞得他无地自容。这次在大众面前的失败促使这青年觉醒了。过去的那些日子，他是不自觉地模仿着他那懒

人生箴言

汉的父亲，于是他发誓一定要学会在大众面前说话。他随即参加了许多讨论社团，只要有公开的讨论会，不管在何处他都去参加。

起初，他总是感到困窘。逐渐地，情况好起来，他知道怎么把话说得通晓明白。不久，他就被各种集会邀请前去做专题演讲。有12年的时间，他都是靠着讲演过日子的。

他想将这才能应用于写作，然而他必须首先改变自己从父亲那里学到的得过且过的生活态度—他的性情也是那样子的。于是，他给自己规定，每日必写5页东西，好坏与否，一概不拘。就这样过了4年，他从自己的那些文章中，得到30美元的稿费。这不免使他失望，但他鼓起勇气继续写作。他写了5部长篇小说，全部被60家出版商拒绝，这令他更为失望，停笔不写了吗？不行，绝不行！他吸取了当初演讲从失败到成功的经验，坚信自己这次也不会失败。他鞭策着自己，仍然坚持每日写一定数量的文章。如此全力以赴并持之以恒最终使他成了世界上最有名气、收入最多、最为人们喜爱的作家之一。

他的父亲不知道对待事业应全力以赴，所以是个失败者。相比之下，他的儿子能全力以赴地去追求，成了世界知识分子的楷模，是个成功者。

事业获得成功的诀窍就是将意志和行动联结起来。它简单得令人吃惊—只是要你全力以赴地行动，如此而已。

第四节　不懈努力才能展翅高飞

奋斗需要不懈的努力，只有不懈地努力，才有展翅高飞的一天。

苏秦孙敬坚持苦读

苏秦，字季子，战国时洛阳（今河南洛阳东）人。苏秦在小的时候，就十分喜欢学习，他曾在很有名望的鬼谷子门下，学习纵横家的言论。当时，苏秦的家境不好，连温饱问题都解决不了，更没有钱买书读了。为了读书，他时常把自己的长发剪下来卖掉，或者给别人打短工、卖力气，以换取微薄的收入来勉强维持自己的生活和学业。由于苏秦勤奋好学，在开始的一段时期内，取得了很好的成绩。

然而，就在苏秦取得好成绩的时候，他骄傲自大起来，老师的话渐渐听不进去了，自以为已经学到了"纵横术"的所有知识，能够"运筹帷幄"了。于是，他收拾好行李，告别了老师和朋友，一个人外出游说他的"合纵连横"理论去了。

苏秦先是主张"合纵"的，于是他去求见周显王，劝弱小的国家联合起来，阻止强国的兼并。然而周显王并不信任他。一气之下，他又到了秦国，向秦惠王宣传"连横"的意见，劝他用此办法来兼并各诸侯国，以统一天下。他先后写了十多封意见书给秦惠王，但都没有引起秦惠王的重视，秦惠王只是草草地看一下，就随便放到一边，不予理睬了。

人生箴言

　　苏秦在秦国住了一年多的时间，所带银两已用得一干二净，衣服既破又旧换不了季。他已无法再住下去了，看到秦惠王一点也没有重用他的意思，就只好缠了裹腿、穿了草鞋、背上行囊，离开了秦国，返回家里。由于路途比较远，缺吃少喝，加之眼睛不好，奔波了好多天才回到家中。这时他已瘦得不成样子，皮肤被晒得黑乎乎的。回到家里怪难为情的，都不愿抬头见家人。妻子看见他这副样子，叹了一口气，低下头去织布了，嫂子看见他这副样子，也不想马上给他去做饭，父母见他这副样子，也不想与他说话。

　　苏秦的心里难受极了，他长长地叹了一口气，自言自语地说道："唉，妻子不认我这个丈夫，嫂子不认我这个小叔子，父母也不认我这个儿子，这全是由于自己不争气造成的啊！"

　　于是，他又重新开始埋头读书。当天夜里，他把自己几十箱藏书找了出来，从此不分昼夜，刻苦攻读。有时候读着读着就在案头上睡着了。每次醒来，看到时间过去了很多，都十分懊悔，痛骂自己无用，可是一时也找不到合适的办法来制止自己打瞌睡。

　　有一次，他读着读着又开始打瞌睡了，身子一下扑在了案桌上，放在案上的一把锥子刺痛了他的手臂，使他一下子清醒过来。他看着锥子，眨了眨眼，忽然想出了一个制止自己打瞌睡的好办法：用锥子扎自己的大腿。此后，每当困意袭来的时候，他就拿起锥子，朝自己的大腿狠扎几下。由于扎得狠，往往是鲜血淋漓。他的家人看了，于心不忍，就规劝他说："你不必这样折磨自己了，只要你努力进取，就一定可以成功的。"

　　就这样，苏秦勤学苦读了一年多，才觉得比以前学得深了，能够说服当代的君主了。

　　经过这一番准备，苏秦于公元前334年开始游说六国，终于得到了六国君王的重用，并担任了六国的国相，提出了有名的六国合纵共同抵抗秦国的政策。长沙马王堆汉墓出土的帛书——《战国纵横家书》中，就有苏秦的书信和游说辞。

在我国历史上，像苏秦这样刻苦求学的人很多，晋朝的孙敬就是其中的一位。孙敬酷爱学习，每日攻读到深夜，日复一日，年复一年。由于他把时间几乎都用在学习上，所以很少外出。当他偶尔到集市上去的时候，有的人就在他的背后指指点点地说："看哪，这就是'闭户先生'呀！"为了避免在深夜学习时产生疲倦，他想出了一个办法：把头发结在绳子的一头，将另一头挂在屋梁上，每当打瞌睡时，就会因为扯痛头发而惊醒过来。

苏秦和孙敬在那样艰苦的条件下，无须别人督促而努力勤学，这种精神是值得我们学习的。

刻苦勤奋的匡衡

西汉时候，有个农民的孩子，叫匡衡。他小时候很想读书，可是因为家里穷，没钱上学。后来，他跟一个亲戚学认字，才有了学习的机会。

匡衡买不起书，只好借书来读。那个时候，书是非常贵重的，有书的人不肯轻易借给别人。匡衡就在农忙的时节，给有钱的人家打短工，不要工钱，只求人家借书给他看。

过了几年，匡衡长大了，成了家里的主要劳动力。他一天到晚在地里干活，只有中午歇晌的时候，才有工夫看一点书，所以一卷书常常要十天半月才能够读完。匡衡很着急，心想：白天种庄稼，没有时间看书，我可以多利用一些晚上的时间来看书。可是匡衡家里很穷，买不起点灯的油，怎么办呢？

有一天晚上，匡衡躺在床上背白天读过的书。背着背着，突然看到东边的墙壁上透过来一线亮光。他霍地站起来，走到墙壁边一看，啊！原来从壁缝里透过来的是邻居的灯光。于是，匡衡想了一个办法：他拿了一把小刀，把墙缝挖大了一些。这样，透过来的光亮也大了，他就借着透进来的灯光，读起书来。

匡衡就是这样刻苦地学习，后来成了一个很有学问的人。

匡衡的过人之处是没有因为环境恶劣而自暴自弃，怨天尤人。艰难困苦的环境更加激发了他学习的热情，他开动脑筋，利用一切可以利用的资源，终于想到凿壁偷光的办法，使自己能够多一点时间来学习。匡衡的勤奋刻苦令人激动，同样也督促着今人珍惜当前的美好环境，努力向学从而学有所成。

第五节　平凡与平庸不是一回事

大千世界，芸芸众生，除了极少数精英人士外，我们绝大多数人都是平凡人，是极普通、极平凡的小人物。岗位平凡，角色平凡，生活也平凡。但人可以平凡，却不能平庸。在工作中，我们追求的应是在平凡的岗位上，发挥最大潜能，做出最大贡献。虽不一定要做出惊天动地的伟业，但要做出不平凡的业绩，成为本行业的行家里手，成为某方面的专家。而平庸则不然，是不思进取，敷衍塞责，碌碌无为，麻木不仁，如同行尸走肉，醉生梦死，最终流于平淡而庸俗。平凡与平庸，只一字之差，稍有不慎，平凡便滑入平庸的泥淖。

不甘平庸的袁隆平

袁隆平，从农大毕业后，到农校任教。他教学十分认真。他教授生物学、作物栽培、遗传育种农业基础课和专业课，边教边学，并走出课堂，来到田间地头，从实践中找寻答案。他不满足于仅当一名合格的中专老师，还想在农业科研上搞出点名堂来。在漫长的19年教学生涯中，他在教学中积累知识，又通过将教学、生产、科研相结合，创造出了许多农业科技成果。后来他依据遗传学的知识，对退化植株进行仔细观察和统计分析，进行了有战略意义的杂交水稻的研究。如今，袁隆平的"杂交水稻"不仅解决了人口数占世界人口20%的中国粮食短缺问题，而且全国已累计增产粮食5000多亿公斤，每年新增产量可多养活6000多万人口，也为世界粮食安全做出了巨大贡献。目前世界上已有20多个国家和地区在研究或引种杂交水稻，杂交水稻已引起世界范围的关注。2001年，袁隆平被授予国家最高科学技术奖，还先后获得11项国际大奖。他赢得了"杂交水稻之父""当代神农""米神"等众多美誉。

一个平凡的教书匠，不囿于三尺讲台，放眼大地，放眼未来，种植梦想和希望，播撒心血和汗水。平凡的岗位，拥有一颗不甘平庸的心，就能创造出不平凡的业绩。

身处平凡但拒绝平庸

一个邮递员会向客户做自我介绍，并请客户也介绍自己，为的是当客户出差不在家的时候，他可以把客户的信件暂时代为保管，打包放好，等客户回家的时候再送过来。这个邮递员就是邮差弗雷德。

弗雷德认真对待每一件事情，不做到尽善尽美决不罢休。他的准则是，无论人们怎么慌乱，其他人怎样担心和着急，他都不会因此而敷衍了事。他从未耽误或误投过任何一个邮件。他从不投机取巧，追求绝对准确。他一心一意地为客户着想，通过自己的想象力和创造力，为客户提供了不少超值的服务，在美国，无论是全球顶尖的大公司，还是一些正在成长的中小公司，邮差弗雷德已经成为创新服务和增值服务的代名词，企业每年都设立"弗雷德奖"，专门鼓励那些具有敬业精神的员工。

身处平凡，但拒绝平庸！要坚信"不是职业为人带来尊严，而是人给职业赋予尊严"。不论你从事什么工作，在何种行业，也不论你身居何处，只要调整工作态度，振奋精神，就可以把工作做得更好，就定能挥别平淡与庸俗，迈向杰出与卓越。

成功是一个无比漫长的过程，卓越者之所以成功，平庸者之所以失败，其差距不仅仅是个人能力的高低，更在于耐心和坚持。成功者往往坚持每天进步一点点：今天比昨天进步一点点，明天比今天进步一点点。

中国有句古话："合抱之木，生于毫末；九层之台，起于累土。"无论做什么事情都要有一个循序渐进的过程，质变的飞跃离不开量变的累积。欲速则不达，想一蹴而就肯定行不通。

每天进步一点点，听起来好像没有冲天的气魄，没有感人的情景，没有壮观的声势，可是每天进步一点点，对自己多一些鼓励和支持，势必会使内心更加强大，使步伐迈得更快、更大。

平凡与平庸只差那一点点

在美国颇负盛名、被称为"传奇教练"的篮球教练约翰·伍登，就是坚持以"每天进步一点点"这个执教之道引导了自己和队员们积极向上的精神面貌，从而实现了从平庸到卓越的完美蜕变。

加州大学洛杉矶分校以年薪120万美金聘请了伍登，他们希望伍登能够通过高明的训练方法帮助队员们提升战绩。但是，伍登来到球队之后却没有什么独特的训练方法，而是对12个球员这样说道："我的训练方法和上任教练一样，但是我有一个要求，你们可不可以每天罚篮进步一点点、传球进步一点点、抢断进步一点点、篮板进步一点点、远投进步一点点、每个方面都能进步一点点？只要进步一点点，我就会为你们鼓掌。"

天啊，这是什么训练方法？负责人在心里偷偷捏了一把汗。不过，很快他就改变了自己的态度，他不得不佩服起伍登来，因为在新季度的比赛中，加州大学洛杉矶分校大败其他球队，取得了88场连胜，7次蝉联全国总冠军。

曾经有记者问他："伍登教练，你被大家公认为有史以来最称职的篮球教练之一，请问，你是如何做到的？"

"很简单，"伍登很愉快地回答，"每天我在睡觉以前都会提起精神告诉自己：我今天的表现非常好，而且明天的表现会更好。这样不断地对自己进行肯定，自然就能越做越好。我想，队员们和我一样。"

"就这么简单吗？"记者有些不敢相信。

伍登坚定地回答："听起来很简单，但是又不简单。要知道，这句话我可是坚持了20年之久，重点和简短与否没关系，关键是在于你有没有持续去做，如果无法持之以恒，就算是长篇大论也没有帮助。"

伍登的成功诀窍就是每当自己和队员有一点点进步的时候，就给予鼓励和支持。每天进步一点点，没有不切实际的妄想，只是向有可能眺望到的地方奔跑。事实上，不断进步的过程就是一个不断肯定自我的过程。今天进步一点点，明天也进步一点点，就能积累一种超凡的技巧与能力，获得强大的内心力量，获得更多的资源和平台，从而迈入卓越者的行列。

超越平庸，每天进步一点点

美姗身材瘦小，貌不惊人，而且只有大专文化水平，却有幸在一家较有名气的外资企业任文员。刚进公司的那段日子是最难熬的，老板把美姗当成一个只会干杂事的小职员，不停地派些零七八碎的事情让她做，从来没有表扬过她。

美姗自知自己学历低、经验少，但她不允许自己的人生这样"惨淡"，于是她除了把工作做得周到、细致外，还不断地学习，只要有空就认真翻阅琢磨自己所能见到的各种文件，她坚定地相信："只要我每天多学习一项业务我就是好样的，有一点儿进步就是胜利。"美姗就这样不断地激励自己，一年后，她对公司的业务了如指掌，她的自信心也强大起来了，这为她进入良性工作循环状况做了坚实的准备。

美姗的自信和业务水平让老板刮目相看，不久就提拔她做了秘书，负责公司的日常事务。秘书需要协调各方面的资源，帮助老板处理很多的问题，还有很多事情要学，这一切都是她之前没有接触过的，怎么办呢？于是，美姗又报考了职业培训班，风雨无阻地去上课。她每天都会鼓励自己："今天我又学到了新知识，我是好样的，我会越来越棒的。"

　　现在，美姗不仅已经成为一个内心强大的人，还很有影响力。老板不但完全肯定了美姗的工作能力，而且有时还愿意听从于她的"发号施令"。对于自己的成功秘诀，美姗给出的答案是："没有什么，就是每天进步一点点。"

　　成功不是偶然的，是要付出努力的。恰如烧水，99℃的热水和100℃的开水就不一样，只差1℃也是没开，这不是因为天气太冷，而是火候未到。没有获得成功，一定是量的累积不够，没有量的积累哪有质的飞跃？

　　若想成为卓越者，就要牢记"只要努力就值得肯定，有一点儿进步就是胜利"的理念，哪怕是1%的进步也要肯定自己。

　　人生是一个追求比昨天更卓越的过程，只要我们每天进步一点点，那么一年就进步365个一点点，持之以恒地做下去，让我们人生中的每天都处在成就感中，那种感觉一定是美妙而快乐的。

第六节　天生我才也需努力

　　朱光潜说："有些人天资颇高而成就则平凡，他们好比有大本钱而没有做出大生意；也有些人天资并不特异而成就则斐然可观，他们好比拿小本钱而做大生意。这中间的差别就在努力与不努力了。"

　　一个人最终能否成功，不在于所处的环境是什么样子，从事什么样的工作，关键在于如何对待环境，如何对待工作。态度会直接决定着命运。天道酬勤，命运掌握在勤恳工作的人手上。

　　有很多关于成功的定律和名言警句，如"成功的人之所以成功就是因为他们比别人更加勤奋、更加努力""天下没有免费的午餐，唯有比别人多一份努力，才能立足于社会，超凡脱俗""一个很重要的定律就是，努力不一定成功，不努力肯定不能成功"。同时还有许多人总结出了不同的成功公式，有的是勤奋＋天赋＝成功，有的是勤奋＋天分＋机遇＝成功，分析这些成功公式，我们不难发现，在这些公式当中有一个共同的不可或缺的因素就是"勤奋"。勤奋在事业成功中的重要性可见一斑。

爱因斯坦说过："在天才和勤奋之间，我毫不迟疑地选择勤奋，它几乎是世界上一切成就的催生婆。"

天道酬勤，命运总是掌握在那些勤勤恳恳工作的人手中，人类发展的历史表明，那些伟大的成就通常是由一些平凡的人经过自己的努力取得的。对于勤奋的人，生活总能给他提供足够的机会和不断进步的空间。

成功来自积极的努力，它不会自动降临。如果他是一位成功的科学家，那么在取得成功的过程中，他一定付出了艰辛的劳动，一定是经历了多次的失败。

牛顿成功的途径

牛顿无疑是世界顶尖的科学家。当有人问他到底是通过什么途径得到那些伟大的发现时，他诚恳地回答道："总是思考着它们。"还有一次，牛顿这样阐述他的研究方法："我总是把研究的课题放在心里，反复思考，慢慢地，起初的点点星光终于一点一点地变成了阳光一片。"放下手头的这一课题而从事另一课题的研究，这就是他的娱乐和休息。就连牛顿自己也曾经说过："如果说我对公众有什么贡献的话，这要归功于勤奋和善于思考。"正如其他有成就的人一样，牛顿也是靠勤奋、专心致志和持之以恒才取得巨大成就的，他的盛名也是这样换来的。

英国物理学家及化学家道尔顿从不承认自己是什么天才，他认为自己所取得的一切成就都是源于勤奋。只要翻一翻一些大人物的传记，我们就知道大多杰出的发明家、艺术家、思想家和著名的工匠，他们的成功在很大程度上归功于非同一般的勤奋和持之以恒的毅力。

英国前首相丘吉尔在第二次世界大战期间一天工作16个小时，周总理在大多数情况下每天只有4个小时的睡眠时间。英国前首相玛格丽特·撒切尔夫人具有过人的精力，她是一个靠自己的奋斗获得成功的女士。她很少度假，每天睡眠不超过5个小时，成为至今为止英国历史上唯一一位女首相。

要想成功，就要培养勤奋的工作习惯。人们一旦养成了不畏辛劳、敢于拼搏、锲而不舍、坚持到底的工作品质，无论从事什么样的工作，都能在激烈的职场竞争中立于不败之地。即使从事最简单的工作也少不了这些最基本的品格。

如果你永远保持勤奋的工作状态，你就会得到他人的称许和赞扬，就会赢得老板的器重。不仅如此，你的勤奋会使自身能力的提高，会赢得更多的发展机会。正如踢足球是在奔跑中寻找破门良机一样，在不懈地努力学习与工作中，我们的生命才会实现其价值。我们发现，取得优异成绩的员工，都具有勤奋的品格。

任何人都要经过不懈努力才能有所收获。收获的成果取决于这个人努力的程度，世上机缘巧合的事太少了。有人说"我很聪明"，那么假设果真如此，你就应该为聪明再插上勤奋的翅膀，这样，你就能飞得更高更远！如果你还不够聪明，你就更应该勤奋，因为"勤能补拙"，现实生活中，我们经常能够发现"龟兔赛跑"的故事。最终成功的人，不一定是最聪明的人，但肯定是勤奋的人。

大师不是从天上掉下来的

一位魔术大师在苏丹面前表演魔术，他的精彩表演深受苏丹的赞赏，被称为天才。

然而一位大臣说："陛下，大师不是从天上掉下来的，这位大师的技艺，是他勤奋练习的结果。"

苏丹被臣子反驳之后，感到大为扫兴，于是他轻蔑地对他大喊道："你没有任何天才，你到牢房里去吧！在那里你好好考虑我的话。为了不让你感到寂寞，送给你两只小牛犊做伴。"

从到牢房的第一天起，这位大臣就练习抱小牛犊，从下面的台阶一直走到塔楼。几个月后，小牛犊长成了一头很结实的公牛，大臣的力气也大增。

一天，苏丹突然想起他的大臣还在监牢里，于是就去看他。当苏丹看到他时，非常惊讶："真主呀，这多么神奇，多么不可思议呀。"

这位大臣，用双手捧着一头大牛，对苏丹说了从前说过的话："陛下，大师不是从天下掉下来的。我的力量是我勤奋练习的结果。"

这位大臣用实际行动证明了自己关于勤奋的观点是正确的。没有苦，哪有甜，不靠勤劳的双手，靠别人的施舍，终究是个"奴仆"。

神马是怎样驯成的

阿拉伯有一位著名的驯马师，他驯出来的马甚至被称为神马。

熟悉驯马师的人都知道，每天清晨，驯马师会指挥着一群马绕圈子跑，这其中有雄健的大马，也有很小的幼马。驯马师的助手，则一边呵斥着马，一边抓着马鞍左右跳跃。看起来活像马戏团的特技表演。到了中午，沙漠的太阳正毒，驯马师却和他的助手骑马向沙漠深处奔去，下午4点当他们返回时，人们才发现每人手上都拿着一把弯刀，仿佛出征归来的样子。

有人问驯马师："你为什么要叫许多马绕圈子呢？"

驯马师说："因为我教那些小马，跟在大马身后，学习听口令。没有大马的带领，小马是很难教的。假使我是老师，大马就是家长，我在学校教导，父母在家中带领，任何一方都不能少。"

"那你的助手为什么要抓着马鞍左右跳跃呢？"

"那是教马学会均衡，维持稳定。"

"至于中午的时候骑马出去，"驯马师接着说，"是因为中午天气最为炎热，让马在一望无际、其热如焚的沙漠里奔跑，这是一种磨炼。而弯刀，是我们故意舞给马看的，用刀光闪烁刺激马的眼睛，发出强烈的音响。经历这种场面，还能镇定自若的，才能成为最好的战马。"

人的成长过程与驯马过程是相似的，正如俗话所说："自在不成人，成人不自在，不受苦中苦，难为人上人。"如果你不努力，如果你受不住辛苦，怎么能出人头地呢？

一滴汗水，一分收获，世上没有轻而易举就能掌握的本领，"天生我才"也需要努力。